U0505992

未来哲学系列

新世界经验

孙周兴 著

上海人民出版社

目 录

自 序

世界变了，而你还没变？

.... 1

第一章

物之经验与艺术的规定

.... 1

一、古典的自在之物与模仿艺术　3

二、近代的为我之物与再现性艺术　14

三、当代的关联之物与艺术概念之拓展　28

四、未来艺术展望　47

第二章

圆性时间与实性空间

.... 56

一、传统线性时间观批判 60

二、圆性时间观之揭示：从尼采到海德格尔 76

三、不直的时间与不空的空间 90

四、新生活世界的时空经验 108

第三章

如何重建生活世界经验?

——论实存哲学的心理学意义

.... 118

一、欧洲哲学史上的哲学心理学　.... 122

二、实存哲学与实存主义心理学　.... 140

三、实存哲学与生活世界经验的重建　.... 167

四、基于实存哲学的当代生活策略　.... 197

五、关于哲学心理学的若干问题（现场讨论）　.... 205

附 录

人类世，我们需要一种新的生命哲学

.... 219

后 记

.... 277

自序　世界变了，而你还没变？

　　本书共三章，第一章讲"物的经验"，第二章讲"时间经验"，第三章讲"生活世界经验之重建"。虽然是三篇独立的文章，但当时把它们合成《人类世的哲学》之第三编，当然是有一定的考虑的。生活世界变了，生活世界的经验也变了。然而，世界和世界经验何时不变呢？变是常态，没有不变的世界和经验。那么，我们为何要提出"新世界经验"或"生活世界经验之重建"？

　　我曾在一个演讲中脱口而出：世界变了，而你还没变？所谓"世界变了"，大致有两个方面的含义：其一，"世界变了"意味着一个根本性的断裂的发生，即自然人类生活世界的隐退与技术人类生活世界的兴起。世界一直在变，但在自然人类的传统范围内，这种变化是有限的和缓慢的，而不是急剧的、转折性的。马克思、恩格斯在《共产党宣言》中用了"烟消云散"一词，来表达技术工业造成的传统精神价值体系的崩溃。其二，"世界变了"意味着世界已经破碎，因为断裂，所以破碎，我们已经无法把碎片重新串缀起来，我们已经无法为这个碎片世界提供一个完整的和统一的说明。这个世界已经没有整体性和统一性，已经失去同一性；关于这个世界的理论已经达不到绝对真理。不存在绝对真理，也不存在唯一真理。相较于自然人类生活世界，这个世界已经面目全非，相应的世界经验也达不到绝对真理了。要知道，没有绝对唯一的真理，这并非坏事，而倒可能是个体的解放。还有，我这里必须补充一句：没有绝对真理，并不是说没有真理。

我的后半句是问句："而你还没变？"这真的很要命。日常生活惯性会遮蔽我们对世界真相的感受和确认，我们会以为今天的状况跟昨天或者前天并无差别呀。我们天天这样混着，无可无不可。现在我们经常听到的是一串串数据，我们愈加进入一个彻底无感的状态。联合国秘书长最近呼吁：地球生命迹象正在衰退，必须采取紧急行动防止地球崩溃！在本世纪末实现 1.5 摄氏度气温升幅限制的剩余时间已经不多了。常人通常会想：这真的跟我有关吗？关我啥事呀？明天太阳依然升起。

"而你还没变"的基本原因是几个误识。首先当然是对上述世界之变的误解，错误地以为我们还可以回归旧世界。或者说，人们错误地把今日世界之变与往日世界之变等同起来，未认识到古今之变的断裂性意义。哪里是百年未遇之大变局？分明是2500年未遇之大变局！说来荒唐，常人恐怕远远没有达到19世纪中叶费尔巴哈、马克思他们的认识水平。其次是对个人身位的误识，以为自己还是区域性的民族国家的地方人，尤其在我们这儿，狭隘民族主义和国家主义尘嚣甚上。但你还是"地方人"吗？你的身体已经被技术工业（尤其是化工产品）彻底改造了，你的精神已经通过网络和大数据技术而落入广义算法之中，成为尼采所谓被计算和被规划的人。你以为你还在说100年或150年前的汉语吗？我曾经假设：你爷爷的爷爷活过来，将听不懂你在说什么，因为你说的词语中超过90%是近百年来新出现的"译词"。还有一例：你好好看看周遭，你还能看到一件两件手工制作的物品吗？我们已经彻底进入抽象的技术物的世界。而在我们这儿，这是最近三四十年才完成的转变。

世界变了，而你还没变。这就有大风险了。有数据表明，如今精神病患者数量不断上升，人口占比已经突破20%。听着有点难以置信。我认为主要原因还在于"你还没变"。世界变了，这个新世界碎片而多元，传统的"确信"方式（哲学的"存在确信"与宗教的"救恩确信"）已经失效，而你还在旧世界里，依然坚守旧的"确信"方式，依然希望用旧世界的传统尺规来测度和衡量这个已经原则上面目全非的新世界，特别是，你依然固执地采取单一尺度和标准来应对之。这时候，错乱是必然的。

2023年12月10日记于余杭良渚

第一章
物之经验与艺术的规定 [1]

何谓物？什么是艺术？这是两个十分复杂和十分纠缠的问题，在今天似乎也已经难以令人激动了。本文并不试图解答这两个问题，而只是结合西方思想史和西方造型艺术史，大尺度地讨论物

1. 本文系作者2018年12月27日下午在上海戏剧学院的报告，原题为《何谓物？以及什么是艺术？》。事后根据速记稿整理成文，演讲风格仍予以保留。定稿以现题目于2019年10月30日在西安美术学院演讲，又于2019年12月18日晚上在中国美术学院雕塑与公共艺术学院重做一次。原载《学术界》，2019年第10期。

之经验和艺术概念的演变，并且努力建立物概念与艺术之间的历史性的观念联系。西方艺术史根本上是一部物概念史，或者说，物概念决定着艺术概念，有什么样的物之经验就会有什么样的艺术概念。如果说西方艺术史可以简单地分为古典、近代和现当代三大阶段，那么我们就可以看到，历史上相应地有三个物概念和三个艺术概念。我们由此可以建立一部极简艺术史。

我的主业是现代德国哲学，主要从事尼采和海德格尔研究，虽然也关注当代艺术及其理论，但迄今还不得其门而入，还没有形成"专业优势"。今天我想来谈谈物与艺术的问题，没有文字稿，而只做了一个PPT，所以只能是漫谈式的，想利用这个机会把自己的一些相关想法清理一下。在今天的报告中，我主要想提出一个观点，就是：物之经验决定了艺术概念。再就是，在欧洲历史上，也就是在西方思想史和艺术史上，有三个物的概念与三个艺术的概念。如果我们把这三个物的概念和三个艺术的概念讲清楚了，大概就可以形成一部极简的西方艺术史了，更应该说是一部艺术哲学史。最后，我想来谈谈将来的艺术还有什么意义。

一、古典的自在之物与模仿艺术

我理解的古典物的概念，就是所谓的"自在之物"（Ding an sich），意思就是说，物的存在就是它自己，更准确地说，物的存在就在于它自身，物自己就有一个自在的结构，这个结构在古希腊哲学传统里面被表达为"实体＋属性"，比如说"特朗普是一个老年男人"，就是实体＋属性的表达，是一个主谓结构。差不多可以说，我们经常把描述事物的陈述句子即主谓结构转嫁到事物上面，从而产生了关于事物本身的理解，即实体＋属性。无论实体还是属性，都是事物本身所具有的。

比如古希腊有两大哲学家，一个柏拉图，一个亚里士多德，他们是怎么理解事物的？柏拉图说个别事物具有共同的形式和结构，他称之为 idea（理念、相）；亚里士多德反过来说，我们首先要讨论个别事物，个别事物才是把握得住的实体（ousia），我们说"这朵花是美的""苏格拉底是一个人"，而不能说"美是这朵花""人是苏格拉底"，所以个体性在先，普遍性（共相）在后。柏拉图认为形式普遍性在先，与亚里士多德的想法是两回事。这两个哲学家的讨论可概括为"共相"与"个体"的争论，后来成为哲学的两个主要方向，一个是普遍主义（本质主义），一个是个体主义（实存主义）。当然，我们应该看到，亚里士多德的个体主义最后依然归结于普遍主义（本质主义），因为他认为有两个实体，一个实体是个体，比如苏格拉底或者这朵花，但当我们说"苏格拉底是人"时，人就是一个共相，是一个普遍概念，我们固然不能说这个共相是不存在的，所以他认为"人"也是一个实体，是"第二实体"，于是在他看来就有两个实体，而"第二实体"其实就是柏拉图的"理念"，这就又回到了柏拉图那里。

从古希腊开始就已经确定了一个普遍主义的知识理想，知识、科学、哲学只关注普遍的东西。今天我们会说，一个概念或者观念是主观的，是属人的，但古希腊人认为，观念和概念是事物本身所具有的普遍性，这与后世的想法是不一样的。我想，这是因为古希腊人有一些基本的信念，也可以叫作假设，就是相信或假设物是恒定的、稳定的，自然是强大的，自然比人更强大。后来人们渐渐失去了这样一些基本的信念或假设。

这大概是我所谓的古典时代的物的概念，是古人关于物的经验，我们先说到这里。我们接着要来说古典的艺术概念，这个艺术概念大致可以用三个希腊词来传达。首先说艺术就是"手艺"，即希腊文中的 techne。手艺的关键是要"精通"，精通者是"高手"。想当年我参加高考，头一年没考上，家母就给我安排做泥水工，专门去拜了师，据说就是一个高手；后来我说能不能让我再复读一年呀？第二年就考上了浙江大学，我就变成今天这个样子了。本来我是泥水工，说不定也能成为一名高手，或者也有可能成为现在的建筑承包商之类。不过在古希腊人那里，作为"手艺"的 techne 是泛指的，每个行业都有 techne，因为如果手艺的要义在于"精通"和"知道"，那么各行各业就都有 techne 的问题，医生看病是手艺，教师上课和演讲也是手艺。

其次，手艺就是"模仿"，对古希腊人来说就是 mimesis。"模仿"概念对古典的艺术和哲学来说是最基本的一个概念。模仿当然不是复制和抄袭，在现代汉语语境中，模仿成了一个不太漂亮的，甚至贬义的字眼，真是好遗憾。但古希腊人会说，你会模仿你就厉害，不是谁都能模仿的，或者说不是谁都能模仿得好的。人要模仿自然，自然比我们更强大，人要向自然学习，这个意义上的模仿很重要。我们现在的想法与当时已经完全不一样了。古希腊有一个著名的医生，所谓"医神"，叫希波克拉底，他认为医生只是自然的助手，医生的工作只是帮助身体这个自然恢复自己，让自然（身体）达到自己的目的。现代医学建立在近代哲学的基础上，认为"人是机器"，既然是机器，机器的零件是可以更换的，哪里坏掉了就换掉哪里；古希腊人可不是这样想的，他们认为医生是自然的帮手。这就是模仿概念，是模仿意义上的学习。

昨天晚上我还听到一个说法，说哪个国家的医生罢工不干了，所有医生都不上班了，结果这个国家的死亡率降低了50%。这真的是对现代医疗制度的嘲讽，医生都不干了，死的人反而少了。因为现在的医疗制度实在有比较反动的一面，尤其在地球某个地方，医院首先是一个商业机构，是一个营利机构，然后才是一个人道机构，这就特别恐怖了。如果医院首先是一个商业机构，那么你竖着进去之后，终归是要横着出来的，不然它不甘心，因为没有把利益最大化。但古希腊的医生恐怕还不是这样的，他们对自然是有恭敬之心的。

第三，模仿就是"揭示"。跟古典艺术概念相关的第三个希腊词是"真理"，即aletheia，原初的含义是"解蔽、揭示"。"模仿"首先是揭示活动，其实这种揭示也是普遍的行动，好比说我们的观看，哪里只是简单的看看而已？每一次观看都是高度复杂的，都是在揭示，当然，在有所揭示的同时，也有所掩盖，有所遮蔽。我把你看成什么就是一种揭示了，但同时也把你掩盖了、遮蔽了，而且说到底，遮蔽才使得揭示成为可能——这就是"真理"

的二重性。艺术家是这方面的高手，艺术家的工作是把自然中的事物真相揭示出来，而且每一次揭示都得是新的，重复就没有意思了。揭示也可以理解为解蔽，是一种创建活动（Poiesis），要在天地之间建立人文意义世界。艺术家特别是造型艺术家，对早期希腊世界来说是最重要的，通过早期神话、史诗和造型艺术，他们共同创建和构造了古希腊的人文世界，这种创建和构造实际上就是揭示和解蔽活动，所以古希腊人用了aletheia这个词。

在我看来，要理解古典的艺术概念，我们只需好好理解上面讲的三个希腊词语，第一个词是techne即精通，表示艺术是一种手艺；第二个词是mimesis即模仿，艺术是一种模仿行为，传达了古典时代人与自然的关系；第三个词是aletheia，是真理的创建，可以表达为人文世界的构造。这三个希腊词语一道构造了古典的艺术概念。

古典艺术是与自然人类的生活世界相合的。古典希腊是这样，古典时代的中国也一样，他们的世界可以叫作自然生活世界。古典世界其实是一个鬼怪的世界。现在的小孩已经不可能生活在一个鬼怪的世界中了，现代城市里已经听不到鬼的故事了。我小时候在农村，是听着鬼的故事长大的，山上有鬼，水库里有鬼，没有人住的房子里有鬼，有好的鬼，也有不好的鬼，当然以恶鬼居多。在古典的世界里，关于神和鬼的话语占据文化世界的主导地位。希腊哲学的理性话语大概出现在公元前5世纪到公元前4世纪，而对古希腊人来说，公元前9世纪、前8世纪到公元前5世纪，总体上是一个艺术文化的时代，神话是文化的主要形式，当时艺术的主要目标是构造神话，这一点我们要想清楚。在早期时代，艺术是与神话联系在一起的，艺术的任务就是构造神话。

大约在公元前5世纪到公元前4世纪，出现了希腊哲学。哲学话语是不一样的，哲学话语是理性认识，要论辩，要讲逻辑和推理，不同于艺术神话的话语。哲学话语的出现主要是为了国家（城邦）政治的构造，首先有一批人物叫"智者"，跳出来说艺术家构造的神话世界对城邦公民教育是十分不利的，我们要把它消灭掉，重新构造一个理性的讲规则的文明方式。希腊神话里有很多鬼神，所谓"诸神"，是多神教，人们不知道听谁的；希腊神话还有一个特点是诸神长得跟人一样，与凡人区分不开来，这就会有好多问题，这样城邦公民教育就难了。城邦政治和教育需要统一性，需要打造一种一元论。不过，虽然当时哲学理性话语已经开始了，但宗教文化的势力还没有完全退场，一直要到欧洲启蒙运动以后方能完成这个退场。在神话（宗教）与哲学之间，艺术更偏向于神话，到今天恐怕还是这样。按照19世纪艺术家瓦格纳的想法，今天的艺术依然需要构造神话，不然艺术就没有意义。这个我们先搁下不谈。

古典的世界是自然的生活世界，手艺就是古希腊人的艺术的意思，手艺（手工）的世界是自然的事物和手工的事物占主导地位的世界。现在不一样了。在座有150人，其中大概120人今天还没有触摸过自然的事物，甚至连手工的事物也没有碰触过。中国社会最近三四十年变化巨大，基本完成了所谓的工业化，我们已经失去了手工物的世界，身边所有的事物都是机械技术的事物，自然的事物你还能看到，比如路边的树，但你很少会去触摸它们。你行走在水泥地上，你已经接近不了自然了。自然的事物已经退出了，在城市里，连手工物也已经基本消失了。今天如果有哪位姑娘说要织一件毛衣，听起来就属于很傻的想法了。在欧洲，古典自然世界的改变和退场是从 18 世纪中后期开始的，随着当时机械工业的产生和发展，古典自然生活世界就变了。

我不多说了。概括起来，与古典世界相应的古典艺术有如下三个规定性：一是手工，二是模仿，三是揭示。我们上面用了 techne、mimesis 和 aletheia 三个词来表示。对于古典艺术，我们必须从这三个方面来想。

二、近代的为我之物与再现性艺术

近代的物概念，用康德的话来说就是

"为我之物"（Ding für mich）。一个"自我"的时代开始了，"我"的时代开始了。欧洲文艺复兴之后首先有两个大哲学家，培根和笛卡尔，他们有两句话，培根说"知识就是力量"，笛卡尔说"我思故我在"。相比较而言，后面这句话意义更为重大，它开启了一个"自我"（ego）和"主体"（Subjekt）的时代。笛卡尔认为，所有事情的存在，包括我自己的存在，包括外部世界的存在，包括上帝的存在，都是可怀疑的，但有一点是不能怀疑的，就是"我在怀疑"这件事。比如我做梦发现自己没了，或者变成了一个无手脚的人，这都是可能的，但"我在怀疑"这件事是终究不能怀疑的。我在怀疑就是我在思考，所以"我思"是不可怀疑的。笛卡尔认为哲学的起点找到了，就是无可怀疑的确定的"我思"。哲学从这里开始了，近代知识哲学从这里开始了，这就是"我思故我在"这个定律的意义。

古典哲学家可不是这么想的，在古典哲学中还没有抽象的"我思"。近代哲学中出现了这个"我思"，同时，物的意义也变了，物变成了对我而言的对象。这是一个重大的变化。在古典时代，物是它自己的，物自己有一个结构和本质；到了近代，我变了，物也变了，我变成思维的我，我是一个主体，没有我，外部世界在不在变得无关紧要了。物是对我而言的，只有进入我的思维领域，进入我的表象世界，这个物的存在才有意义。所以，哲学家康德有一个著名的说法，物本身不可知，我碰到一个事物它显现给我，它内部是什么我不知道，这就叫"自在之物"不可知。物的存在在于进入表象性思维范围内，成为我的表象的对象，物的存在等于

"被表象性"（Vorgestelltheit），后者就是所谓的"对象性"。这样一种观点形成了至今依然影响着我们每个人的思维方式和认知方式的对象性思维。

在座的同学们应该都学过马克思主义原理这个课，特别是马克思主义的认识论之类，学得很乏味。最近我有一个说法：马克思哲学这么好的哲学，在我们的大学里居然被弄得让同学们生厌，这实在是一件滑稽的事，弄成这样得花多大的力气啊！这事儿弄得我们搞哲学的人很没有面子。要知道马克思真的是一个伟大的哲学家，世界哲学家排队，无论怎么排，马克思必定在前十名。但马克思的哲学主要还不在于认识论，从认识论角度讲主客关系，这样来理解马克思哲学，就把它降低了许多，因为有关主客关系或对象性关系的讨论在康德那里就完成了。物的存在在于被表象性，在于对象性，这在康德那里就建立起来了。康德完成了近代哲学，把事物的存在与被表象性、对象性等同起来，因此就建立了一个主客模式。古典哲学关于物概念的规定到这时候就不成立了，因为康德完成的物之存在＝对象性，不光是一个认识论上的主客模式，同时也是一个存在学／本体论意义上的对象性规定。

我们接着来讲近代的艺术概念。随着物之经验的变化，艺术概念也变了，艺术的第一规定变成了感知／美感（asthesis）。"美学"的概念是在这个时候才出现的。虽然"美感"这个词在古希腊人那里就出现了，但古希腊人并不强调美感，大概古希腊人自己太有美感了，他们不需要刻意追求和讨论美感。事情往往是这样，某个东西特别受到关心，是因为这个时代已经缺少这个东西了，比如今天人们特别关心和倡扬道德，是因为这个时代已经没有什么道德了。同理，今天我们大谈美感和美学，也是因为我们这个时代没有什么美感了，人都长得丑兮兮的，没有什么俊美之人——当然贵校不一样，应该有好看的人。美感不是美学的基本问题吗？但古希腊人不讲美感，他们讲模仿、讲手工。古希腊人也讲道德主义，因为无论什么事都要为城邦、国家服务。这个目标很明确，但是他们不讲美感。现在人们普遍认为，古希腊人是欧洲人里面长得最美的，男人女人都是这样，你看希腊雕塑就知道了，不过那是古希腊人，现在的希腊人就不见得了，难得看到雕塑一样的美女。这是另外一回事了。

　　艺术就是感知，就是美感。美感最原初的含义是感知。我们每个人每时每刻都在感知。现在我在看你们，你们也在看我，我们在相互感知。但人的感知是很复杂的，人的感知以前被简单化了，包括康德也把感知简单化了。我为什么能感知你？为什么我能把你立为我的对象？康德认为，这是因为人有空间把握能力，这种能力是每个人先天具有的，人有空间这种先天的感性形式，凭着这种能力，这种感性形式，当你呈现在我面前时，我就一把抓住了，感知到了，把你立为我的对象了。这在康德那里叫感性论的讨论，但这还不是科学意义上的知识讨论，还有第二步知性科学（自然科学）的构成问题，我们这里就不能展开了。

在知识系统里，感知还只是知识的第一步。在近代美学产生的时候，在当时知识论的框架里，重要的是逻辑学，而不是感性学／感性论。我们经常说艺术家是感性的，现在好像很少有人这么说了。以前我们总是说，艺术家是感性的动物，哲学家是理性的动物。今天前面坐了几位艺术家朋友，他们是感性的，而我是理性的。这种说法没有道理，是不成立的。然而，在近代知识论传统里确实有这种区别，哲学家与逻辑和理性联系在一起，是高等人物，而艺术家与感性和动物性联系在一起，所以是低等的。艺术与哲学的这样一个框架现在已经不成立了。在当代艺术境域中，艺术家开始搞哲学了，而哲学家也开始接近艺术。这是后话。

但近代是知识论和理性主义占主导地位的时代，在这样的时代里，人们开始讨论作为低级认识方式的美感，美感被当成低级的认识方式，所以这种讨论充其量只能说是美感意识的觉醒。进一步讨论下去，感知就是表象，我对你的感知要落实到把你纳入我的表象范围里，使你成为我的对象。表象就是把一个事物立为我的对象，在美学里，"表象"也被译成"再现"。把某个事物把握和确定为我的对象的行为，被叫作"对象性活动"，这个意义上的"表象"就是"再现"，所以，近代以来的造型艺术也被说成"再现型艺术"。文艺复兴以后的近代艺术是"表象—再现型艺术"，可以简化为"再现型艺术"，如果放在哲学里讲，我们也可以说它是"表象性艺术"。

这里我们可以发现一个同构性，一个有意思的状况。在近代文化里，主体性哲学与达·芬奇绘画的透视法之间有着某种同构性。达·芬奇说的透视焦点其实是主体之眼，透视法可以被看作主体哲学在绘画中的一个表现，这件事情我们讨论得还不够。主体性哲学和欧洲近代绘画的透视法之间的共同结构，我把它叫作"同构性"。对欧洲近代艺术来说，甚至对今天的大部分艺术家来说，这个从感知到表象、到再现的艺术概念和逻辑依然是成立的，今天很多中国艺术家还在搞写实绘画，可以说还处在这样一个逻辑里。

近代再现型艺术与古典模仿艺术有何异同呢？这里讲的古典艺术特指文艺复兴之前的艺术，它与文艺复兴以后的近代再现型艺术有什么联系，又有什么不一样？欧洲文艺复兴是要恢复古希腊的艺术理想，当然主要恢复了古希腊的哲学理想，这个也很有意思。文艺复兴首先从艺术开始，艺术在模仿或者恢复古希腊人的古典理想，就是关于规则与和谐的理想。规则与和谐就是美，这是古希腊人给出的艺术典范性。

为什么19世纪后期的尼采特别重要？我认为主要是因为尼采首先打破了这个古典审

美理想。而这种古典的审美理想差不多是现在我们每个人包括学艺术的人所坚持的理想。艺术是什么？美是什么？美是和谐，美是规则，美是明朗（欢快）。但今天依然用这种理想来要求艺术，其实已经很落后了。尼采从《悲剧的诞生》一开始就告诉我们，生活世界并不和谐，生命本身充满着冲突、痛苦、紧张，哪儿有和谐和欢快可言？如果你现在依然怀着古典和谐的审美理想，你就进入不了现代艺术，更理解不了当代艺术。所以尼采《悲剧的诞生》一书的重要性就在于此。[1] 当然，尼采并不是头一个，前面有他的老师瓦格纳。瓦格纳为什么成了音乐大师？瓦格纳给我们一个论证，他说自然本身就是不和谐

---

1. 参看孙周兴：《尼采与现代性美学精神》，载《学术界》，2018 年第 6 期。

的，为什么非要把音乐搞得如此和谐？这个论证很有力量。我们知道瓦格纳是第一个打破音乐当中的和声的。我们总是在追求和谐与规则之美，这是古典美学的理想。瓦格纳之后，这个理想破灭了。我们现代人的生活世界分明已经变了，精神结构和精神状态也已经变了，为什么我们的审美经验还停留在传统的或古典的和谐美学中呢？原因在于这种美学观、这种传统的审美习惯是最自然不过的，是最不需要力气的。

现在接受通俗美学和美育教育的人们，包括一些艺术家，恐怕还没有能力进入现代艺术和当代艺术，因为他们还坚持着古典主义理想。古典主义理想对当代艺术来说已经变得很不合拍了，现代主义的观念也已经破灭了。我们可以看到，欧洲文艺复兴以后，古典美学理想依然延续着，一直保持到 19 世纪中后期才破掉。古典神话一点点退场了，这就是启蒙运动。文艺复兴运动后紧跟着的是宗教改革，宗教改革总的来说是一场世俗化运动和个体化运动。尼采到1883年前后说"上帝死了"，实际上在文艺复兴之后没有多少年，就可以说"上帝死了"。这个"人"来了，上帝已经死了，但整个事件是有一个过程的。神话宗教慢慢退场了，主体性和个体性不断增强。康德当时特别清楚，他说我们不能用科学—知识的方式去讨论宗教上帝的问题，当我们用这种知识方式讨论时，上帝就死掉了。上帝不是一个知识的对象，而是信仰的对象，是不容论证的，是让你服从的。这表明康德的脑子特别清楚，他意识到文艺复兴之后，人们对科学—知识的兴趣越来越强烈，宗教信仰就被弱化了。这也就意味着道德趋弱，因为任何一种道德后面都有一种宗教，道德的基础是敬畏，而敬畏是由宗教信仰来提供的。从这个意义上讲，今天就不是一个道德时代，因为总的来说，它已经不是宗教时代。

神话—宗教慢慢退场，主体性和个体性不断增强，这是近代与古典的一个重要区别。关于物的看法和关于自然的看法，我称之为物观和自然观，也发生了巨大的变化，对象性的思维和对象化的物理自然开始形成，我们希望用物理的眼光，用物理的方法理解对象性的自然，它是我们认识的对象，也是我们加工的对象。紧接着，在18世纪中后期，机械工业开始了，欧洲进入技术工业时代，又一个多世纪以后，技术工业开始在全球迅速扩张。

我刚刚问：近代的再现型艺术和古典模仿艺术有什么异同？这大概可以当作一篇博

士论文的课题。我们只能讨论到这里了。

三、当代的关联之物与艺术概念之拓展

现代—当代的物概念，我称之为"关联之物"。这事儿要容我慢慢说。前面讲了第一个，是古典的物概念，物的意义、物的存在在于它自己，物是"自在的"（in itself），物是"自在之物"。第二个，是近代的物概念，物的存在在于它成为我的对象，在于"为我"（for me），物的存在就是"对象性"。这是一种知识的讨论。从近代到现当代，大概从19世纪后期以来，物的经验又变了，我把这第三个物的概念叫作"关联之物"，意思就是，物的存在在于它如何与人发生关联。

这是特别有意思的一个变化，关系到欧洲思维和欧洲文化的一个根本性变化。欧洲

历史上形成的传统主流思维样式，我把它叫作"超越性思维"。所谓"超越性思维"大概有两种：一种是"形式超越"，就是以形式科学（算术、几何学、逻辑学等）为代表的科学思维方式，它的内在基础是"存在学／本体论"（ontology），也即古希腊的哲学—科学传统。它只研究形式的东西（形式性），不讨论具体的、实质的东西，它关注知识的普遍形式层面，超越个别的情形，超越具体的东西。这就是我讲的"形式超越"。我们说 1＋1＝2，而没有说一个人加上另外一个人等于两个人，1＋1＝2 与这个人那个人没有关系，也跟个别人的具体经验没有关系，如果你说我怎么加起来等于 3 呢？我们只好请你出去了。"形式超越"意义上的"超越性思维"只在欧洲—西方发展起来了，在其他文明类型里都没有形成。为什么会这样？这迄今还是一个未解之谜。当然，这种思维方式在今天已经全球化了，非欧洲民族的思维和文化也在一定程度上被形式化了。今天全球成了一个"形式化世界"。今天的数理逻辑已掌握全球文明，包括控制着我们的手机、电脑、大数据等，都是由数理逻辑构造出来的。我估计连形式逻辑的创始人亚里士多德都不可能想象，到了21世纪，两个毫无意义的数字0和1，统治了全人类。这是形式科学全面胜利的时代。

"超越性思维"的另一个类型，我称之为"神性超越"。"超越性"（Transcendence）本来就意味着上帝和神性。"神性"是超越的（超验的），意思就是有一个强大的东西你不得不服从，不得不信仰。有一个A决定着我们，而我们却无法影响到它，这个A就是超越于我们的。上帝跟我什么关系呀？上帝超越于我，管着我，决定了我的生活、我的命运，但是我的所作所为无法影响他，这时候上帝是超越于我的。中国人很少有这样的信仰，不愿意承认有这样一种超越的／超验的神性。从欧洲"神性超越"的标准来看，中国本土宗教都不能说是严格意义上的宗教，因为我们中国人通常不相信有一个超越于我们生活的、跟我们生活毫无关系的绝对的神性。我们更倾向于认为，万物都是相互关联的，物—我也是相互关联的，我们就生活在一个普遍关联的世界中。

然而，我们也不能简单地认为欧洲人不注重关系。欧洲人主要关注因果关系，这就是欧洲的科学传统。欧洲的超越性思维是以线性因果关系为基础的，甚至可以说是以线性时间观念为基础的，这与我们下面要讲到的 20 世纪才真正发展起来的"关联性"是不一样的。首先是哲学，欧洲主流的哲学主要在论证和推论，是要探究事物的原因和根据，论证是它的基本方法和基本要素。欧洲哲学用的另外一个词是"说明"（Erklärung），主要是"因果说明"，说明事物的"理由"和"原因"，以及"理由"和"原因"后面的"理由"和"原因"。今天我为什么要到这里来做报告，其实我不太喜欢这种报告，好多人没有什么兴趣，我猜是为了完成学分而不得不来这里的，这就很无聊。所以这样的课没有多大意思，这也是中国大学里最无聊的现象。我倒不是批评同学们，你们也是没有办法才来听的；我看得出来，你们当中只有三四成人是想听点东西，我大概只能为这少数人讲了。大学课堂是一个交流的地方，眼神就是交流，在一个相互漠视的课堂里，教师怎么可能把课上好呢？那么今天我为什么要来讲课？当我这样提问时，我是在追问我这个行为的原因和根据。欧洲科学的"因果说明"会对所有行为做一种简化，给出一个单一的说明和辩护。比如说我今天到这里来，是因为我认识你们院长或者别的教授。事情可没有这么简单。这样对世界、对行为的解释就过于简单了，世界和行为都是高度复杂的，理由和动机也是高度复杂的。欧洲科学的"因果说明"简化了事物。到今天，这套"说明"模式已经扩展到全球，成了全人类的思维方式。尼采当年使用了一词，叫"理论人"，他认为从苏格拉底开始，哲学和科学的时代兴起了，人人都成了"理论人"，哪怕搞艺术的人也变成了"理论人"。

欧洲基督教神学也是这样，尤其是中世纪后期的经院哲学，最终也变成了对作为"终极因"或"自因"的神性的论证。凡事凡物都有原因，有没有一个东西是以自身为原因的？A以B为原因，B以C为原因，C以D为原因，这样下去就成了一个无限的因果链条，没完没了。有没有一个"自因"的"终极因"呢？结论：只有上帝是自因的。

哲学也好，科学也好，神学也好，都在做论证，都在做因果说明（神学最不应该做这种论证）。可以看到，因果说明其实是基于自然人类的线性时间观念。欧洲的传统文化可以叫作自然人类文明，基于线性时间观实现了一种"线性超越"。尼采第一个推翻了这种线性时间观念。这种时间观念很恐怖，时间是一个不断流逝的过程，一个下午过去了，又一个下午过去了，最后我们都死掉了，这就是线性时间观念。这种时间观念也被叫作"现在时间"，过去是已经消逝的"现在"，将来是尚未到来的"现在"，所以时间是一条直线的"现在之河"。线性时间观是很可怕的，是让人绝望的。因为在线性时间的无限消逝中，每个人都是"等死者"。后来到尼采这里，才出现了另一种时间思考，就是他所谓的"相同者的永恒轮回"。其实时间没有那么简单。我在此时此刻可以把我的一生都重新演历一遍，当然，过去的许多事情已经记不得了，比较模糊了，但这并不意味着它们消失了，只要时机合适，有的事情就会突然涌现出来。还有，人奇妙的地方还在于奇思妙想，我一边跟你们讲话，一边想着别的许多人和事，人是一种奇思妙想的怪物。时间的呈现绝对不是一条河流的流逝，时间是循环涌现的。所以我们必须重建时间理解。尼采的"永恒轮回"学说已经开了个头，启示了一种我所谓的"圆性时间"。尼采的论证很简单也很有力量：所有直线都是骗人的，那么，过去与将来就必定会在"瞬间"这个门口碰撞在一起。这种"圆性时间"后来在海德格尔那里有新的阐发，我这里不再多说。需要指出的是，"圆性时间"对现代思想和当代艺术来说具有革命性的意义。我们把时间理解为圆的，就意味着传统的"超越性思维"不能成立了，一种新的思维方式——"关联性思维"开始了。

在西方"关联性思维"的形成过程中，有两个人物很重要，一个是胡塞尔，另一个是海德格尔。胡塞尔是现象学哲学的开创者。胡塞尔认为，对象是在与之相适合的被给予方式中呈现给意识的，这一点又是不依赖于有关对象是否实际存在而始终有效的。每个对象的意义都取决于它的呈现方式，取决于它是怎么被给予我们的。现在桌子上的这瓶矿泉水是一个喝水工具，这是一种呈现方式；

在实验室里面它被当作量杯，那是另一种呈现方式；在一个几何学课堂里，它被当成白色圆柱体。呈现方式不一样，意义也不一样的。事物被给予我的方式决定了它的意义；事物本身没有固定的意义，而总是依赖于它以何种方式被给予我们。后半句话"这一点又是不依赖于有关对象是否实际存在而始终有效的"也很重要，对艺术来说尤其重要，因为艺术的构造是虚构，虚构的意义何在？这是艺术中的重要问题。按照现象学的看法，对象是在某种被给予方式当中呈现给我们的，而这一点不依赖于相关的对象是不是实际存在。这就为艺术虚构和创造做出了辩护。艺术创造不存在的东西，所以对艺术来说很重要的是，我们如何可能谈论不存在的东西。胡塞尔给出一个论证：一个事物呈现给我，以某种特定的方式呈现给我，也可能以好多种方式呈现给我，而这一点是不依赖于对象是否实际存在的。我们今天坐在这里，就可以讨论一个虚构的不存在的东西，比如长三个角的牛，比如狮头蛇身的龙，都是虚构的东西。不存在的东西当然是可以讨论的，对艺术来说尤其如此。

我们也可以说，对象是按我们所赋予的意义而显现给我们的。刚才说事物怎么呈现给我们，怎么被给予我们，那就决定了它的意义；另一方面，我们所有的行为都是赋义的行为，我们赋予事物以意义，我们可以把一个三角形叫作等边三角形，也可以把它叫作等角三角形，这两个意义是不一样的，我们的赋义行为决定了对象的意义。所以，胡塞尔就认为，没有与意识完全无关的实在对象和世界现实性，对象总是与我们相关联的，这个叫"先天相关性"。这不是什么唯心主义，这是生活世界的真相。我们的赋义行为是不简单的，我看到你，把你认作一个小姑娘，这个行为里发生了很多东西，我为什么把你认作一个小姑娘，而没有把你看成一个老太太，没有把你看成一个男孩，等等。我不断赋予你意义，我在不断赋义，也会不断改变赋义方式，你怎么呈现给我与我怎么赋义是同一个过程。意向意识本身包含着与对象的关联，传统的欧洲人可从来不是这样想问题的，他们以前总是在讨论我与对象的超越关系，我是怎么跳出去把握住对象的。这是一个知识论的问题。康德自以为解决了这个问题，事物已经进入我们的知识范围里，成了我们知识把握的对象。现在胡塞尔说，对象是与我关联在一起的，对象的意义取决于它与我的关联性，这就开启了第三个关于物的理解。

海德格尔是胡塞尔的学生，发展了后者的现象学。海德格尔认为胡塞尔的现象学哲学走得还不够远，"现象"是由"内容意义"（Gehaltssinn）、"关联意义"（Bezugssinn）和"实行意义"（Vollzugssinn）三个意义方向构成的整体。"内容意义"指在现象中被经验的"什么"（Was），"关联意义"指现象被经验的"如何"（Wie），"实行意义"则指"关联意义"得到实行的"如何"（Wie）。[1] 这是学理上的话。简单说，"现象"有三义，一是内容意义，它是"什么"，是什么内容，比如这是茶杯。二是关联意义，这个茶杯怎么跟我发生关联，我使用它，用它喝水。三是实行意义，就是这种关联意义是怎么发生的。如

1. 参看孙周兴：《形式显示的现象学：海德格尔的思想开端》，载孙周兴：《后哲学的哲学问题》，商务印书馆，2009年，第231页以下。

40

果我不伸出手去，不把它抓起来，那么关联意义就不可能完成。再简单说，"现象"的三义就是：它是什么，它跟我有什么关系，这个关系是怎么完成的。海德格尔说，第三个意义即"实行意义"才是关键。这就把哲学带向另一个方向，即行动优先的方向。只有行动起来才可能有这些意义。以前哲学不是这样考虑问题的，以前哲学家只是傻傻地盯着一个个对象。胡塞尔有所进步，揭示了"关联意义"，海德格尔更进一步，进入了"实行意义"。这是一个重大的变化。

事物的意义在于关联性，也就是事物如何呈现给我们，如何被给予我们，如何与我们关联。这同时也引出了关于我们的生活世界的讨论，引出了视域—境域—世界论。这个对象如何给我，既不取决于它本身也不取决于我。比如这个茶杯，它是怎么被给予我的？近代哲学主体性高涨，总是说事物是我们规定的，康德就说事物是对象性，是我给它的意义。到了现代和当代哲学，人们才认识到，这个事物的意义既不在于它本身也不在于我，而在于它与我的关联。为什么会这样？这是因为当一个对象跟我当下发生关联时，都是在特定的视域里构成这种关联的。我的行为是赋义行为，但为什么意义是不一样的？我刚才赋予这个茶杯几个不一样的意义，圆柱体、装水的容器、量杯，等等，那是在特定的视域或语境里完成的。赋义行为受制于不同的视域或语境。

所谓"关联性"也有好几种，一是物与物的关联，二是人与物的关联，三是人与人的关联，所有这些加起来就构成了一个总体的关联体，即视域、境域或语境，也就是我们讲的"世界"。"世界"可大可小，今天在这里我们构成一个小的"世界"，一个小的关联体。我对今天这个关联体不熟悉，第一次来，不知道电脑在哪里，也不知道怎么播放视频，所以折腾了十几分钟。我们进入一个新的环境中，需要对其中的关联做重新整理和适应。把桌子往前移，屏幕往后退，把电脑移到台上来，各种关联慢慢理顺了，我才可以坐下来做今天的报告。所以，所谓"关联体"就是一个一个具体的话语空间和世界。生活世界被理解为一个一个"关联体"，相互关联的事物是在不同的"关联体"里面被把握和被理解的。

让我们总结一下。西方哲学和西方艺术有三个阶段，对应于事物理解的三个阶段，自在之物——为我之物——关联之物，这是物概念的三个变化，相应的西方哲学也分为三个阶段，就是古典存在学／本体论，近代知识学／知识论，以及现当代的现象学和语言哲学。物概念的三个类型，同样对应于西方哲学关于世界的三种理解，大致可称为自然世界、对象世界和生活世界。

与现当代的物经验即"关联之物"相关，现当代的艺术概念又是什么呢？我一直没有想清楚这个问题，今天早上写下一些话，供大家参考。我想指出三点：

首先，艺术即表现（expression）。近代以来的艺术史大致呈现了再现——印象——表现（广义）的进程。前面讲了，近代艺术是再现型艺术，最基本的概念是"再现"，它与把对象建立起来的表象性思维有关。以"表现"为标识的艺术是一步步演变来的。近代再现型艺术到 19 世纪后期有了变化，出现了印象派，印象派是一个特别重要的变化环节。在座几位艺术家比我更了解这一点。20

世纪上半叶出现了表现主义艺术，我说的是广义的表现主义艺术，包括印象派以后的超现实主义、抽象主义，等等，所有这些艺术思潮都具有表现主义性质。这里要稍稍区分一下，在字面上，"印象"（impression）是内化，是向内的，而"表现"（expression）是外化，是向外的，这两个词是相对的，"印象"是往里压，而"表现"是往外推。印象派艺术把近代艺术的主体性特征充分表现出来了，显示出某种极端的主体性、极端的内化。大家都熟悉印象派艺术，它对光和色的理解是内化的、极端主体性的。

其次，表现即赋义（give meaning）。现象学哲学告诉我们，简单的观看和感知行为就已经是赋义行为。表现同时是赋义行为。如何理解"表现"这种赋义行为呢？这在 20 世纪上半叶的表现主义艺术与 20 世纪下半叶的新表现主义艺术那里是有不同理解的。表现主义恐怕还会把表现理解为主体性行动；而作为当代艺术的新表现主义则已经进入境域—世界的现象学式理解中了。我认为这是一种进展。

第三，赋义即创造（create）。所有行为都是赋义行为，就是赋予意义，就是创造。我们时刻都在创造，创造是普遍的。我这样把手放着当然也是一种赋义行为，我把手举起来，就是另一种赋义行为，就给出了另外一种意义。每时每刻，我们的一个眼神、一个暗示、一个手势、一句话，都是创造性的赋义行为。每个人时刻都在创造，每个人都是艺术家。我们必须这样来理解作为赋义行为的表现，才能确认创造的普遍性，而没有确认这一点，就难以理解当代艺术。这也是我今天报告的动机，我希望在哲学史和艺术史的脉络上，来理解从古典到近代再到现当代的物概念和艺术概念的演变，从而理解今天艺术的意义。

四、未来艺术展望

如何理解当代艺术？未来艺术会变成什么样子？今天我们谈当代艺术和当代哲学，就是要讨论今天的生活和文明及其未来方向和可能性。最近关于未来的讨论越来越热烈，大家都在说"未来已来"，流露出许多忧虑心情。首先我想说，我们正处于一个文明断裂状态中，这个断裂差不多是在过去两个多世纪间发生的。这个断裂不是突变，不像一根木头一下变成两段了，而更像一根竹子，被拗过来，裂痕出现了，但还联系在一起。这种断裂，有人叫它"历史的终结"，有人说"艺术的终结",也有人说"后现代主义转向",也有人恶狠狠地说这是"人类的终结",总之有很多描述方式。以我的说法,这是自然人类文明向技术人类文明的转变和过渡,它呈现出一个"断裂期"。

今天我们讲物的经验和物的概念,物的世界已经变了。基本的情形是,自然物和手工物已经退隐了,技术物占据主导地位。我把这个世界叫作技术统治的世界。在座大部分同学还小,你们没有太多的历史经验,有几位老师经历过。中国现在正在庆祝改革开放40年,我们在40年间完成了工业化,工业化把我们的生活彻底改变了。我1980年上大学,改革开放的每一步我都经历了。欧洲的工业化是从18世纪下半叶开始的,花了两百多年的时间。前面我把这个过程称为自然人类文明向技术人类文明的转变。这是一种巨变，身处其中，很多人还没有反应过来，到今天还有许多人没有反应过来。我们还在坚守传统，传统当然很重要，人类几千年来创造的文明和价值，古典的哲学、宗教、艺术、音乐，等等，它们的退场和消失让我们心痛。然而我们不得不看到，传统文明的价值对技术生活世界里的人类生活来说已经没有多大意义了，宗教是这样，传统哲学是这样，传统艺术也是这样。我经常去德国，德国古典音乐多好听，但现在只有老年人才听。多美好的东西，慢慢地正在退去，那是自然人类文明的创造性成果，已经离我们越来越远了。在美术学院、戏剧学院和大学里面，我们都在讨论绘画怎么办，戏曲怎么办，文学和哲学怎么办。我是绍兴人，我们老家有三种戏，越剧、绍剧、莲花落，但现在都已经没落了，我的两个小孩都听不懂了，到我这一代，就这么40年间全没了。今天我们不断地讨论艺术人文科学到底还有什么用，大量人文知识分子习惯于回忆和美化过去，说古人活得多么好多么好，后来越来越不好了，但这在逻辑上恐怕是大有问题的。古人活得到底好不好呢？据我所知，古人活得并不好，生活环境和条件且不说，古人的寿命都很短，平均寿命就30多岁而已，大概只能活到今天人们的一半，这就表明古人活得并不好。如果你一定要说短命好，那我就只好无语了。我们纪念和怀念一些过去的东西，这肯定是需要的；但我们也不能因此走向另一个极端，不能一味厚古薄今。不然我们就不知道自己在哪里了。我们要尊重传统和历史，但更要直面当下，展望未来。今天我们更需要讨论的问题是：在一个技术统治的世界里，艺术何为？艺术还能干什么？这个问题不容易解答，我这里想特别指出两点：

第一，艺术要成为"事件艺术"。"事件"这个词现在被广泛地讨论，尤其在法国当代理论中显示最多。"事件"（event）应该是海德格尔首先提出来的概念，在他那里叫Ereignis，我译之为"本有"，但在国内有许多混乱的译法。"事件"为何越来越重要了？这里面有一个变化，如我们前面讲过的，在古代，物的意义在于它自己，我们坚信物自身有一个结构，有一个自在的存在意义；到了近代，我们说物的存在意义是我们赋予它的对象性；到今天，我们说物的意义取决于它与我的关联性。这样一个变化与生活世界的变化是一体的。当物的意义在于关联性时，这个物已经变成事了。这个物和事要区分开来，物是物，事是事，物是我们抓得到的、把握得住的，事当然也与物关联在一起，但事是我们讨论、处理、理解、谈论、创造的。艺术也必须有一个变化，就是从物到事的变化，这就是当代艺术。当代艺术开始成为行动和介入的艺术。一件艺术品挂在墙上供我们瞻仰，让我们得空时去看看它，这样的时代已经过去了，或者说正在成为过去时。我们的艺术理解必须完成从物到事的转变。

第二，艺术要成为"抵抗的艺术"。艺术的意义是什么？现代技术加速发展，几乎不超过一个星期都会有新的技术进展，在这样的时代里，艺术还有什么用？上个月深圳基因编辑事件发生后，大家最近对技术越发恐慌了，以为末日降临；而另一方面，人们现在也将信将疑地听说技术会让我们长命百岁，甚至几百岁，总之会大幅度地延长我们的寿命，各种长生数据都出来了。大家听得很兴奋，我们将要不死了，这该有多好？所以人们是既恐慌又欣喜。如果人可以活到 150 岁了，那么如何度过这漫长而无聊的人生？人们为了避免无聊致死，是不是只好来搞哲学和艺术了——不然又能怎么办？我在五六年前的一个讲话中就说：艺术人文科学的时代到了，而我们艺术人文科学的从业人员居然还不知道这一点。在不远的将来，越来越多的人将下岗，成为"多余的人"，你让他们干什么去？我看大部分只好来学艺术和哲学。现在大家更操心钱的问题，但我认为，未来 20 年或 30 年，钱对个人来说将变得越来越不重要，重要的是你有没有事做，有没有活干，重要的是劳动机会。请大家记住我这句话，二三十年后来印证。

前面讲了作为事件的艺术。从物到事，我说的是，如果没有把物的艺术搞成事的艺术，艺术家肯定不会成功的。这里面有两个含义，一是说艺术必须介入生活，二是说艺术必须成为事件，让公众来参与，变成影响社会生活的事件，而不再是挂在墙上的一幅画。进一步我们还得追问：艺术对我们来说到底意味着什么？我在这里想借用德国哲学家阿多诺的一个说法：艺术只有作为一种社会抵抗形式才是有意义的。大意如此。艺术的意义在于抵抗。抵抗什么呢？当然首先要抵抗外部固化的各种制度，但更多的是要抵抗这个技术世界。这个技术世界已经失去约束和平衡机制，速度越来越快，我们得想办法节制它，让它慢下来。艺术的意义在于此，哪怕我们——自然人类——要毁灭，那最好也得让我们慢慢毁灭吧？人们今天提倡传统文化，动机不一，但恐怕也多少带有一种抵抗的意图，只不过这种抵抗多半采取了逃避的策略，其成效是值得质疑的。今天在新的技术状态下，属于自然人类世界的传统精神表达系统（传统哲学、宗教和艺术）日渐崩溃，技术工业的普遍宰治已经把人类带入一种普遍同一化和同质化的机制之中，如何保卫个体自由，将越来越成为未来社会的一大难题。艺术的抵抗意义也因此突显出来了。阿多诺所谓作为抵抗形式的艺术，我想应该指向一种更为普遍的姿态：我们每个人对生活，对技术，对社会，对这个世界，都应该摆出一种抵抗的姿态，旨在保卫我们自己，保卫我们正在慢慢失去的自然生命的意义，保卫我们日益面临危机的个体自由。

第二章

圆性时间与实性空间 [1]

从自然生活世界到技术生活世界有一个断裂，这个断裂在哲学上首先表现为时间和空间经验的转变。现代形而上学批判即起步于此。马克思首先敏锐地洞察到技术工业带来的世界巨变，并且用"以时间消灭空间"来描述之。尼采

---

1. 本文系作者 2019 年 4 月 28 日下午应四川大学宗教研究所之邀，以《时间是直的还是圆的？》为题在四川大学文科楼做的演讲，根据现场录音稿整理成文。后做了进一步扩充和改写。本文迄今未发表过。

批判传统的以物质运动为定向的线性时间观，开启了一种以创造性生命经验为基准的"圆性时间"观，后者显然已经蕴含着时间的空间化。海德格尔后期更进一步，思入一种时间与空间贯通一体的本源性的"时—空"观，我们可以从中引申出反传统的时间理解和空间理解：时间是不直的，而空间是不空的。进一步的问题是：这种区别于自然生活世界的时间和空间概念的新时—空观与技术生活世界是何种关系？本文认为，主要由现代思想开启的新时—空观为当代艺术提供了思想前提，同时也通过当代艺术对技术生活世界做出抵抗性反应。

今天跟大家讨论时间和空间问题，它们与我们每个人都息息相关，也是我最近一直在思考的问题。时间和空间是我们每天——每时每刻——都在经历和感受的，但时空问题要讨论起来却是极为麻烦的。单拿时间问题来说，大家都知道奥古斯丁的一个著名说法，大意是：什么是时间？没人问我我是知道的，有人问我我就不知道了。但问题又极为重要，"时间问题是我们理解存在、死亡，以及我们与宇宙之间的真实关系的第一把钥匙"。[1] 空间问题亦然，也是一样的神秘而繁难。时至今日，时间和空间问题（以及两者的关系问题）依然属于哲学和科学里面最难的课题，现在我们还没有一个确定而清晰的答案。

---

1. 罗伯特·兰札、鲍勃·伯曼：《超越生物中心主义——以生命和意识为中心，重构时间、空间、宇宙与万物》，杨泓等译，湖南科学技术出版社，2017年，第31页。

我今天的报告主要以尼采、海德格尔为背景，试图追问：时间是什么？时间到底是直的还是圆的？进而追问：空间是什么？空间到底是空的还是实的？我的整个报告有几个任务和目标：第一，批判传统的线性时间观。传统哲学和科学把时间理解为一条直线，过去是已经消逝的"现在"，将来是还没到来的"现在"，总之是"现在"之流。我们将努力表明，这种自然而然的线性时间观是有问题的。第二，我想大胆提出一个概念，即"圆性时间"概念。时间不是直线的，而是圆性的。这个想法与尼采、海德格尔的哲学有关，我试图对它做一种发挥和展开。第三，我想从后期海德格尔的"时—空"思考出发，进一步落实一种新时空理解，即本演讲的主题：时间是不直的，而空间是不空的。最后我要讨论的是，我所谓的"圆性时间"和

"实性空间"到底有什么样的意义？在当代哲学和当代艺术中有何显示？我大概就讲这样四点。

而如果总结起来，我的基本观点无非两点：其一，我想说时间是圆的，空间是实的。要证明这一点当然是不容易的事，我只能勉力试试，未必成功。其二，我想在这样的问题背景下来讨论一下现代哲学和当代艺术，大致可以说，现代哲学是要破线性—计算时间观，启圆性时间观；而当代艺术是要破几何—抽象空间观，启具身空间观。而显然，艺术与哲学在此交合了。

一、传统线性时间观批判

我先来讲第一点：传统线性时间观的批判。最近我刚刚翻译完一本书，是海德格尔的《时间概念》，这大概是我翻译的最后几本书之一。因为我觉得翻译的时代快要结束了，翻译工作以后不需要我们自然人来做了，机器人会接替我们的工作，而且会比我们做得更精准，所以我要赶快把自己一些半拉子的译事了结掉。总的来说这是好事，我们自然人类会变得更自由一些，我们可以省出更多的时间来干别的事情了，休闲啊，思考啊，创造啊！确实，我们自然人类的生活要改变了，许多工作和行业将会消失，但请各位放心，哲学和艺术不会消失，这个是机器人搞不了的。

海德格尔的《时间概念》一文写于1924年，当时他还相当年轻，写了这篇长文（译成中文大概有 8 万字），投给一家杂志，但因为文章太长，或者还有其他什么原因，这个杂志最后决定不刊发这篇文章。这篇文章加上同时期做的一个同名演讲（《时间概念》），后来一直都没有发表出来，到 2004 年才得以出版（《全集》第 64 卷）。这本《时间概念》被认为是海德格尔的前期代表作《存在与时间》（1927）的"初稿"（Urfassung），即"原始稿"。

顾名思义，海德格尔在该书中主要讨论时间问题。他首先问，哲学如何来追问时间？他给出一个阐释学意义上的说法："必须根据时间来理解时间。"[1] 为什么呢？这大约是要与神学区分开来，因为神学不是根据时间来理解时间，神学是根据"永恒"（aei）来理解时间的。可是，当神学真正要进入时间追问时，比如我们刚刚提到的奥古斯丁，他

---

1. Vgl. M. Heidegger, *Der Begriff der Zeit*, GA.Bd.64, Frankfurt am Main, 2004, S.107.

追问的是我们人类体验到的时间，而不是物理时间。那么，如何可能"根据时间来理解时间"呢？根据 A 来理解 A，这在逻辑上属于同义反复。我们把 A 理解为 B，我把你理解为学生，把我自己理解为老师，这都可以；但要说把我理解为我，这是啥意思呢？所以这里就有问题出来了。

海德格尔说，我们不是要下一个普遍的定义。这句话其实是特别反动的，因为所有的定义都指向普遍性。下一个不普遍的定义，这大概是前期海德格尔对哲学做的最出格的一件事。所有的知识或科学都是要下普遍性的定义，比如说对苏格拉底这个个体，我们可以下个定义，说"苏格拉底是一个雅典人，一个哲学家，一个男人，一个人，等等"，但还不能说"苏格拉底是一块木头"，虽然我们平常会说"某人是木头"，意思就是某人好笨啊，但这是文学的修辞手法，是做比喻或打比方，而不是哲学和科学的定义方式。海德格尔明确地说，我们必须进入一个前科学的状态，给出一个不确定的定义。"不确定的定义"是一个特别奇怪的说法，通常的定义就是界定、确定，不确定的规定不能叫"定义"。但在前期海德格尔所谓的"形式显示的现象学"中，他却要下所谓"形式显示的定义"，即前科学的、指引性的、不定的定义。海德格尔的基本意图还是可以掌握的，在他看来，对个体的、动态的、生发的、不定的事态或现象，比如说人生此在和在世现象，比如说与人生此在相关的时间问题，我们固然也要下"定义"，但又不能给出完全固化不变的概念化的规定。

海德格尔先要批判传统的时间观。传统的时间观最早是在亚里士多德那里形成的。

亚里士多德给出的时间定义是："时间是关于前后运动的数。""时间不是运动，而是使运动成为可以计数的东西。"[1]这个时间概念后来一直延续下来了。什么是时间？时间就是一个物体的运动的计量，比如说我走到这个教室门口大概需要10秒钟。这就是时间，实际上就是时钟时间。这种时间观规定了后世科学的时间观。但在亚里士多德那里有一个特别奇怪的现象，是我一直没有搞清楚的，那就是：他的时间概念就是后来物理学的时间概念，而他的空间概念却完全不一样。这是令人费解的。亚里士多德在《物理学》中说："空间乃是一事物的直接包围者，而又不是该事物的部分。"[2]还有一个更具体的定义是：

1. 亚里士多德：《物理学》第四章，219b1—4，张竹明译，商务印书馆，1982年，第125页。
2. 亚里士多德：《物理学》第四章，210b35，第100页。

"空间是包容着物体的边界。"（topos peras tou periechontos somatos akineton.）[1] 这种空间就不是牛顿物理学意义上的空间了。如果空间是包裹着物体的边界，那么，每个物体都有自己的空间，这个空间是具体的、多样的，可以说是实的空间，而不是空的空间，不是近代物理学的三维空间。简单说来，亚里士多德规定了科学的时间概念（"运动的计量"），但他的空间概念（"物体的边界"）完全不是科学的。这就造成了一个"分裂"，这个"分裂"意味着什么呢？这是一个有意思的课题，需要专门讨论。

到了中古，在早期基督教神学家奥古斯丁那儿，时间仍旧是要被测量的。在《忏悔录》第十一卷中，奥古斯丁考虑的是精神问

---

1. 亚里士多德：《物理学》第四章，212a5，第103页。

题，但他也提出了关于时间测量的问题，追问精神本身是不是就是时间。奥古斯丁反复地说"度量"和"测量"时间："我的精神啊，我是在你里面度量时间。""我测量你，故我测量时间。……我再重复一次，我在测量时间时，我就是在测量我自己的处身。"[1]

从亚里士多德开始的这种可测量的时间是自然生活世界的时间，可以叫作"自然时间"，其实就是"时钟时间"。自然人类发明了时钟，各种计时的工具，我们用它们来测量时间，这种时间就是海德格尔所讲的"现在时间"（Jetztzeit）。它是同质的和均匀的，因此才是可测量的。如果它不是同质的和均匀的，那就无法测量。这是科学的时间概念，在牛顿那里被叫作"绝对时间"，牛顿的说法

1. Vgl. M. Heidegger, *Der Begriff der Zeit*, S.111.

是："绝对的、真实的和数学的时间，它自身以及它自己的本性与任何外在的东西无关，它均一地流动……"[1] 如我们所知，这样一种物理学的"绝对时间"观在科学上的改变一直要到爱因斯坦的相对论，[2] 但在哲学上，它到尼采那里就已经受到了怀疑和批判。

当然，这中间还有一个有意思的插曲，就是康德和哈曼的"时空之争"。大家知道康德把时间和空间内化了，同时又把它们科学化了。什么意思呢？因为在康德看来，时间

1. 牛顿：《自然哲学的数学原理》，赵振江译，商务印书馆，2006 年，第 7 页。
2. 爱因斯坦在他的相对论中得出了一个惊人的结论：即使时间是一个实际存在的实体，它也不可能像光速和重力那样是一个常量。时间会以不同的速度流逝。引力场的存在会延缓时间的流逝，就像物体在做高速运动时发生的情形那样。参看罗伯特·兰札、鲍勃·伯曼：《超越生物中心主义——以生命和意识为中心，重构时间、空间、宇宙与万物》，第 25 页。

和空间是我们主体先天具有的直观形式，有了这两种直观形式，才有了两门形式科学，即算术和几何学。直观分为内感与外感，于是康德给出了两个简单的关系式：内感——时间——算术；外感——空间——几何学。内感官的形式就是时间，跟时间相关的是算术。这话听起来不好解，但其实是很朴素的想法。你想想啊，$1+1=2$，$1+2=3$，这就是一个时间过程啊。康德说，没有时间这种直观形式，算术就是不可能的。空间亦然，空间是外感官，我们观看，我们看到东西，这种看是空间性的，是塑造空间的，要是没有空间这种直观形式，几何学就是不可能的。所以，康德认为他已经把两门形式科学的基础问题解决好了。

这时出现了一个人物，叫哈曼。哈曼这位哲学家少为人知，但他是一个有意思的天才人物。当年诗人歌德就特别崇拜他。哈曼是康德《纯粹理性批判》的第一个读者，应该是康德自己叫他看该书的清样。哈曼看完以后，就识破了康德的把戏，写了一篇大约三四千个汉字的短文来批判康德。这是关于康德《纯粹理性批判》的第一篇批判文章，涉及时间和空间问题。哈曼的思路太有意思了。哈曼说，时间和空间当然跟我们的感官相关，与听和视（看）相关，听出来的是时间，看出来的是空间，但听和视（看）却不是康德所谓的"直观形式"，而是语言方式，与听和视（看）相关的也不是算术和几何学，而是两门最原始的艺术，即音乐和绘画。

于是在这里，整个格局摆出来了，我们可以看到欧洲近代文化中最根本的冲突，即科学与艺术的冲突。康德与哈曼的争论意义重大，各位一定得好好想想。康德是要给形式科学奠基，哈曼却说你这样的奠基本来就是错的。两者的争论焦点是时间和空间。什么叫听？什么叫看？什么叫时间？什么叫空间？哈曼认为，作为语言的形式，跟它们相关的首先是艺术，艺术是比科学更加原本的。康德把时间和空间联系于两门形式科学，表明他依然守在传统的可以计量的时间和空间观之中，这一点是我们要注意的。[1]

在演讲《时间概念》时，海德格尔展开了对传统时间观的批判。海德格尔直接说："与时间的源始交道方式不是测量。"[2] 这句话很重要，千万不要以为时间都是测量的时间；

---

1. 有关康德与哈曼之争，较详细的讨论可参看孙周兴：《以创造抵御平庸——艺术现象学演讲录》(增订本)，商务印书馆，2019 年，第 152 页以下。

2. Vgl. M. Heidegger, *Der Begriff der Zeit*, S.118.

时间是不均匀的，不是线性的，也不是可测量的。他接着说："如果我们试图从自然时间中推出什么是时间，那么现在就是过去和将来的尺度。"海德格尔这时候没有说"现在时间"，那是《存在与时间》里的讲法，现在他说"当前时间"：

这种当前时间（Gegenwartszeit）被解释为不断滚动着通过现在的流逝序列；这种前后相继的序列在方向上被说成是单向的和不可逆的。一切发生的事件都是从无尽的将来滚入不可回复的过去。[1]

所谓的可测量的线性时间有两个特点：一是均

---

1. Vgl. M. Heidegger, *Der Begriff der Zeit*, S.121.

质性，二是不可逆性。它是"现在点"的均质化。它必须是均质的，每个点都一样，才可能是线性的和不可逆的。所谓"均质化"，是把时间等同于空间，等同于纯粹的在场。这是关键所在，尚未出现的将来和已经消逝的过去都是根据现在、当前来判断的，这就是后来德里达批判的"在场的形而上学"了。在海德格尔看来，这就是一种把所有的时间从自身中驱赶到当前之中的趋势，时间完全被数学化了，变成了与空间坐标 X、Y、Z 并列的坐标 T。我们从小就学过这些了，平常我们就说空间是 X、Y、Z 三维，时间是空间之外的一维 T。

总之，传统时间观是着眼于当前 / 现在或者说以当前 / 现在为基点的线性时间：作为运动的计量，传统时间观是线性一维的"现在时间"，就是把时间看作一种"现在之流"，过去是已经消逝的"现在"，将来是尚未到来的"现在"，总之都是"现在"。传统时间观具有自然性，它是自然人类精神表达的基础，特别是传统哲学、宗教、艺术的基础。因为自然人类在线性时间观的支配下还不甘心当一个旁观的等死者，无法忍受生命不可阻挡的流逝和消失。如何克服时间的这种永不回头的永恒流逝？这是自然人类面临的最大难题。正是面对这样的问题，为了对付生命的无限流逝，为了克服这样一种不断的、无可阻挡的流失，即"现在时间"的无限的流逝，质言之，为了不至于绝望，人类各民族（自然人类）创造了永恒的宗教，在欧洲还创造了哲学。这就是说，要摆脱线性时间的不断流逝，必须有一个无时间的、永恒的彼岸或者天国，后者是没有时间性的——时间性是我们每一个要死的人（终有一死者）的概念，永恒上帝是没有时间性的。

这一点我们一定要想清楚。

现在我们处于另外一个时代，进入另一个世界之中，我把它叫作"技术人类生活世界"。我们已经从"自然人类生活世界"转入"技术人类生活世界"中了。我愿意认为，尼采所谓"上帝死了"应该在这个意义上来理解。他所谓"上帝死了"意味着自然人类精神表达系统的崩溃，也意味着自然生活世界与技术生活世界之间的断裂。这个断裂首先表现为时间和空间经验的转变。现代形而上学批判即起步于此。马克思首先敏锐地洞察到技术工业带来的世界巨变，并且用"以时间消灭空间"来描述之。[1] 紧接着就是尼采，他通过"相同者的永恒轮回"学说来思考一

---

1. 参看拙著《人类世的哲学》第一编，商务印书馆，2020 年。

种新的时间经验。他们显然都敏锐地意识到了一点：在这场文明大变局中，克服传统的线性时间观是哲学的根本启动点。

二、圆性时间观之揭示：从尼采到海德格尔

下面我来讨论尼采的新时间观。我的基本看法是，尼采的"相同者的永恒轮回"学说反对传统线性时间观，开启了一种以"瞬间—时机"为核心的"圆性时间"理解。如果觉得"圆性时间"一说太重了，我们也不妨暂时把它了解为"非线性时间"。

从1884年前后开始，尼采认真地琢磨起了一件事情：生命/存在的本质和意义到底是什么？这个事情他想通了，他认为生命/存在的本质就在于追求更强大的力量，他给出了一个术语，叫作"der Wille zur

Macht/the Will to Power"，即"权力意志"。无论是动植物，还是作为"高级动物"的人类，只要是生命体，就都在追求更大的力量。尼采做了好些证明，证明生命的本质就是追求更大的"权力"（Macht）。[1] 尼采认为，哪怕一个仆人，一个奴隶，看起来最无势力、最没个人意志的，实质上也有他自己的"权力意志"。日常生活中经常发生这样的现象：奴仆搞着搞着，把主人控制起来了，最后主奴关系颠倒了，主人完全离不开奴仆了，可以说奴仆实现了自己的"权力意志"。意志的本质是增殖、增熵，这就是尼采的"权力

---

1. 是不是把尼采的 Macht 译为"权力"，其实我一直是犹豫的。我曾经也觉得"权力"太暴力、太政治了，想把 Macht 译成"强力"，即强大的力量，但有学者警告我，说你这个"强力"的译法可能更暴力。我觉得这个批评不无道理，于是又把它改回"权力"了。

意志"。

不过，至此还有一个问题没有解决。尼采说生命／存在永远在追求"权力"，追求一种强大的力量，这难道不是一种线性的膨胀吗？不断膨胀，不断增熵，那么何时才是个尽头呢？再说，这样一种不断流逝让人感到很恐怖，人在智力上不能容忍这种无限性。尼采想，这不对啊，这不够啊，哲学不能这样思考问题的。光说生命的本质在于追求更大的力量（权力），这个好像蛮好听，但显然还不够。后来德国哲学家西美尔有个说法，说尼采无非是要告诉我们：生活意味着更多的生活。生命就是这样不断地追求，不断地膨胀吗？当代法国哲学家斯蒂格勒就说，有增熵也得有负熵。生命不能一味膨胀，一味膨胀是会爆裂的，整个地球会爆炸的。确实，我们看到，现代人类已经从禁欲传统进入纵欲时代。人类已经习惯于欲求，但欲望过剩的后果是什么呢？后果是我们现在没有欲望了，处于无能状态了。这些问题在尼采当时还不明显，但他都想到了，尼采说这样下去不行，光说生命的"权力"和更大的"强力"，还没有解决根本问题，还囿于旧哲学的线性超越的框架。

据尼采自述，有一天他在塞尔斯—马利亚的一个湖边散步，脑海里突然跳出来一个概念，令他无比兴奋，于是他赶紧把它记录了下来。这个概念就是"相同者的永恒轮回"（die ewige Wiederkunft des Gleichen）。尼采认为这个概念解决了根本问题。确实，生命的本质是追求更大的力量，而另一方面，生命又是在每一个瞬间创造性地展开的，"相同者"在每一个瞬间复返和轮回。这样一个想法为什么会让尼采兴奋呢？我们知道尼采哲学是要解决一个生命问题，早期尼采的表述是：生命如此短暂而悲苦，每一个人都是要死的，而且生活中苦多乐少，那么我们为什么要苟活于世？有限而痛苦的生命的意义在哪里？到后来，尼采的问题提法有了变化，变成了一个有关"重复"的问题：我们每天都在重复自己的生活，有些事情我们做了千万遍了，为什么要不断重复？如果你做的是同样的事情，那么做一遍和做一万遍有区别吗？我们为什么愿意重复呢？重复的意义在哪里？这个问题不解决，你的行动就会出现问题。按尼采的说法，你在每次行动之前都要想想清楚，下次还要吗？如果下次不要了，你就得质疑这次行动的意义。大家可以看到尼采是多么严肃和纠结！这样的追问是个体对生命的责任。这样想来，尼采哲学的问题实在太简单，但对我们每个人都构成一种考验。所以尼采的问题实际上是两个：一是终究虚无的生活的意义，二是不断重复的行动的意义。生命如此短和苦，为什么我们还不愿意死，每一个心智正常的人都不愿意早早死掉，都愿意多活几年？这是为什么呢？再就是生命行为的重复，重复的意义问题则涉及生命当下的决断问题，我们时刻都会碰到这样的行动的选择和决断。

这时候尼采开始讨论"相同者的永恒轮回"问题。"永恒轮回"前面有个主语，叫"相同者"（das Gleiche），"相同者"不是"同一者"（das Selbe 或 das Identische）。这个大家要区分一下，轮回的并不是"同一者"，而是"相同者"。"相同者"之"同"是有差异和变化的"同"。此时此刻我是我，但当我说出这句话时，我已经不是我了。每个个体都处于变动中，都没有绝对的同一性，而传统形而上学却在追求这种同一性。可以认为，尼采说的是相同的 A1、A2、A3，等等，而不是同一的 A。在《查拉图斯特拉如是说》第三部"幻觉与谜团"一节中，尼采用三句话来表达"相同者的永恒轮回"，我认为它们可能是尼采哲学里最重要的三句话，也可被视为现代哲学的核心命题。尼采的第一句话是："一切笔直者都是骗人的。"说这句话要小心啊，不能乱说的，整个几何学就是从"两点之间直线最短"这样一个形式规定开始的，这个公理由此构造了整个几何学体系。尼采的第二句话是："所有真理都是弯曲的。"这话说得多好啊！我们今天已经可以理解这话了，但在当时，这话却是令人费解的。尼采的第三句话更妙："时间本身就是一个圆圈。"一切笔直者（直线）都是骗人的，时间不是直线，没有什么无限流逝的"线性时间"，那么结论只能是：时间本身是圆的。[1]

讲完这三句，尼采接着发问：如果我们站在一个叫"瞬间"（Augenblick）的门口，你往东边走，我往西边走，我们两个会相遇吗？我们会碰到一起吗？换种说法，往东边走是"过去"，往西边走是"将来"，"过去"与"将来"会碰到一起吗？如果时间是笔直的，是一条直线，那么它们当然是不会碰到一起的。但是，如果所有笔直者都是骗人的，世上没有直线，那么它们就必定会碰在一起。

这是尼采对"相同者的永恒轮回"学说的证明。尼采对此做过大量的证明，包括动用物理学的能量守恒定律，包括其他科学的途径，但我认为最有效的证明就在这里了：

---

1. 参看尼采：《查拉图斯特拉如是说》，孙周兴译，商务印书馆，2023 年，第 248 页。

所有直线都是骗人的，时间就是一个圆圈，相同者必复返，必轮回。所以你放心，你说我错过了什么人，与人擦肩而过或者背道而驰，按照尼采的这个逻辑，她／他如果是属你的，总归会回来的，你们总归会碰到一起，你大可放心。过去与将来碰撞在一起，这个"碰撞"就是"瞬间"。尼采使用的"碰撞"这个词很有意思，我们每时每刻都在"碰撞"中，都在承受这种"碰撞"。此时此刻，你的身体和你的心灵，都在经受过去与将来的"碰撞"，过去与将来处于紧张的交织运动中。

尼采说了三点：直线骗人，真理弯曲，时间圆圈。尤其是最后一点，即所谓"时间本身就是一个圆圈"，委实是惊人之语，也足以被当作疯人乱语。20多年后，爱因斯坦的相对论却为尼采此说做了科学的证明。根据爱因斯坦的相对论，引力场会使时空发生扭曲。当一个有质量的物体体积趋于 0 时，其引力会达到无法想象的地步，从而改变空间，导致光都无法在其空间里逃避，进而形成时空扭曲，也就是使由三维空间和四维时间构成的时空结构产生扭曲。后来的各种实验和研究证明了爱因斯坦的"时空扭曲"理论。人们在探究时间测量技术时就发现了各种时间扭曲问题，有研究者做了如下总结性罗列：

问题一：卫星以每小时 14000 千米的速度运行，其钟表变慢了。

问题二：卫星远离地球时，处于减弱的引力场中，与地面相比，其钟表变快了。

问题三：由于地面上的 GPS 用户通常与地心的距离不同，因此，这会导致时间流逝的速度不同。

问题四：由于地球表面不同纬度地区的自转速度不同，因此，这使得地面上不同位置处的时间流逝速度无法保持一致。

问题五：对所有地球上的观察者来说，时间跑得要慢，因为我们这个星球是以每小时1674千米的速度在自转（离赤道越远，则速度越低）。

问题六：因为卫星的轨道略呈椭圆形，卫星上的时间变化会忽快忽慢。[1]

无论科学的实验和证据是否可以充当哲学的证明，或者哲学是否需要科学的证明，我们

---

1. 罗伯特·兰札、鲍勃·伯曼：《超越生物中心主义——以生命和意识为中心，重构时间、空间、宇宙与万物》，第27页。引文有省略。

都不得不承认，以近代物理学以及自然生活世界经验为基础的线性（直线）时间观是可以动摇的，肯定不是绝对正确的，更不可能是唯一正确的。从爱因斯坦出发来讨论的所谓"时间扭曲"现象，至少也为尼采哲学意义上的"时间不直"或"时间圆圈"提供了佐证。

尼采这种瞬间意义上的时间概念，把过去和将来理解为当下"碰撞"的瞬间，这样一种时间理解是相当奇异的。这个"瞬间"是什么？我们可以联想到希腊文中的一个词语，叫 Kairos，后者大概就是我们中文中的"契机、时机"。比如说我这次来成都，今天跟各位在一起，你以为我们碰到一起容易吗？不容易的。成都几个老朋友前段时间多次邀请我，我总是说没时间啊。我确实也是没有时间，但话说回来，时间挤挤总是有的。这次贵校盖建民教授组织了一个会，给我一个任务，说你必须来的。我无法拒绝，就来了，于是也就有了今天的报告。这就是成事的 Kairos，要成事，是要有各种各样的机缘巧合——碰撞——起来的。Kairos 是什么？是"时机"或"契机"。我们每个人都会有这样的经验，经常做一件事情怎么都做不起来，莫名其妙地突然做成了，这就是时机到了，时机没到，你再努力都没有用的。除 Kairos 之外，还有一种时间，就是亚里士多德说的"运动的计量"，在希腊文中是 Chronos。所以古希腊人是绝顶聪明的，他们用两个不同的词语来表示两种不同的时间，我愿意把 Chronos 称为"物的时间"，而把 Kairos 称为"事的时间"。对我们人类生活来说，"物的时间"虽然也重要，但更重要的还是"事的时间"。这两种时间有什么区别呢？大致可以说，"物的时间"是均匀的、同质的，是必然的，因而是可测量的；但"事的时间"则不然，它不是均匀和同质的，也不是必然的，也不可能被测量。问题在于，后来"物的时间"观念通过科学和技术占据了主导地位，成为自然生活世界里最重要的尺度，而"事的时间"观念却不断受排挤，甚至被忽视了，被物化了，被"物的时间"观念取代了。

尼采的永恒轮回学说蕴含的是一种"事的时间"理解。在尼采那儿，所谓"相同者的永恒轮回"不是要提供一个佛教意义上的今生来世的轮回观，不是要提供一种教诲：你要好好做人，下辈子还可以轮回，还可以做人，如果你不好好做人，下辈子就只好做猪了。尼采的永恒轮回学说不是这样子的，他是想告诉我们：我们承受的每个瞬间都是一个创造性的时机，我们只有通过创造才能克服重复和无聊，才能使我们的生活变得有意义。每一个瞬间都是一个轮回，都是一个创造性的复归点，必须把每一次重复都理解为创造。如果你理解了这一点，你就不会觉得自己的重复行为是无聊的，是无意义的——这其实不是重复，而是一种新的创造。所以尼采的永恒轮回学说是要思考后宗教时代的生活的意义，着眼点是一种非线性的时间观念。

三、不直的时间与不空的空间

那么，我为什么要说"圆性时间"呢？"圆性时间"这个说法好像还没有人使用过，所以我要试着来做一个解释。过去（被认为已经消逝的现在）与将来（被认为尚未到来的现在）在尼采看来总是在"瞬间"碰撞到一起，这种时间理解就可以叫作"圆性时间"

观。我的基本想法是，"圆性时间"可与"线性时间"相对照，圆性与线性并置，更可直观，况且尼采本人也说"时间本身就是一个圆圈"。另一方面，所谓"圆性"更具有空间性，更能体现时间的空间化。后来海德格尔很机智地看到了这一点。海德格尔认为，把时间和空间分离开来是后来科学时代的事情，原本时间—空间是不分的，是分不开的。我们现在把听和看，把听觉和视觉，把时间和空间都区分开来了。但大家想一想，我看着你们的同时也总是在听着你们，我的看会影响到我的听，反过来也一样，我听着你们，如果你们中间突然有人发出大笑声，或者发生别的奇怪状况，我对你们的看立刻就变了。看和听是相通的啊，听会影响看，看会影响听。这意味着什么呢？意味着时间与空间本来就是相通的，两者的分离是科学技术造成的异化的后果。我所谓的"圆性时间"根本上就是一种空间化的时间，海德格尔的说法是"时—空"（Zeit-Raum），在时间与空间之间加了一横（连字符），以示两者交合不分的状态。这是20世纪30年代中期海德格尔的思想，我们等下再讲。总而言之，尼采以"相同者的永恒轮回"学说来反对传统的"线性时间观"，揭示出一种"圆性时间"，当他用过去与将来的紧张碰撞即"瞬间"来描述这种"圆性时间"时，他根本上是要启动一种时空一体的经验。所谓"瞬间"，是"时之间"也是"空之间"，更是"时—空""之间"。

所谓的"圆性时间"是生命本体的时间，是时空一体的生命经验的尺度。它当然是随着生命运动而变动的。尼采有一个说法特别精彩："我们在不断生长，我们的时间感、空间感等等也在不断发展。"[1] 哪有什么固定不变的时空经验？但无论是古典物理学的时空观还是康德的作为"直观形式"的先验时空观，都放弃了时空的"生长性"，给出了关于时间和空间的形式化规定。

我们现在可以来讲海德格尔了。大家知道我是从海德格尔走向尼采的。我现在有个说法是，读尼采的书越多，越觉得海德格尔离不开尼采。海德格尔的大部分思想可以在尼采那里找到根苗，当然，海德格尔比尼采想得更细密一些。海德格尔前期发展了尼采的"圆性时间"观，但他做了一个变化。尼采关注的是"瞬间"，当下瞬间对他来说无比重要，而海德格尔形成了一种以"将来"为

---

1. Vgl. Friedrich Nietzsche, *Sämtliche Werke*, Bd.11, 34[124], Berlin/New York, 1999, S.462.

指向的此在时间性循环结构。我们可以看到海德格尔在《时间概念》中的基本思路："消逝"——"先行"——"向死而生"——"将来时间"。一切都在"消逝"（vorbei），这个没错，但如何理解"消逝"？只是线性的一去不复返的流失吗？我们是不是可以把"消逝"理解为一种"先行"呢？这可以说是哲思上的"脑筋急转弯"。传统线性时间观认为，我们所有的东西都在消逝，不可阻挡，无可挽回。但这个"消逝"意味着什么？为什么不可以把它理解为"先行"？海德格尔的思考从这里开始，因为人是一种向着将来生活的动物，先行到将来去，甚至先行到死亡中去，到极端的可能性中去——人是一种可能性的动物。所以"将来"这个维度凸显出来了，在这一点上，海德格尔是相当高明的，恐怕要比尼采高明些，尼采只知道"当下／

瞬间"，试图把"当下／瞬间"概念永恒化。海德格尔则不然。海德格尔追问，什么是时间？时间是通过对"将来／未来"的"定向"和对"将来"的不断"先行"而发动起来的这样一种三维结构，也就是我所谓的"圆性时间"。其中含有这样一种逻辑：我们如何来面对"消逝"，面对我们的不断"消逝"和"流失"？海德格尔说要"先行"，我们先行到生命的可能性中去，先行到最极端的可能性即死亡中去，只有这样，生命整体的意义方能实现，才会显示给我们。海德格尔的这种时间性理解，我们可以把它叫作"将来时间"。大家要注意，将来之维的开启太重要了，一个人如果对可能性、对将来失去展望的能力，那就意味着走向自闭症。自闭症就是人们不能对未来开放了，对自己的将来失去了信心。我碰到过一个自闭症患者，一个大学三年级的学生，他对什么都没兴趣了，对未来失去了信心，于是就狂吃，在短短一个学期里体重增加了60斤。为什么自闭症患者要狂吃呢？实际上他不是为了吃，他只是通过吃来安慰自己。

我们已经看到，在时间问题上，尼采和海德格尔的思考有同有异。尼采着眼于"当下/瞬间"，而海德格尔着眼于"将来/未来"。尼采转向了艺术和创造性活动，而海德格尔在前期哲学中更加重视此在的实存经验和实存结构。但两者都肯定一点：时间是圆的，时间不是直线的。后期海德格尔就更有意思了，他进一步提出一个新的概念，叫作Augenblicksstätte。我认为这个概念肯定是从尼采的"瞬间"（Augenblick）发展来的。海德格尔在《存在与时间》（1927）时期几乎绝口不提尼采，但他肯定已经读了不少尼采，可能是故意不说吧；到《哲学论稿（从本有而来）》（1936—1938）时期，海德格尔开始在弗莱堡大学讲尼采（此后连续讲了十年），尼采的影响已经十分显赫了。在海德格尔《哲学论稿》里首次出现的 Augenblicksstätte，我现在还不知道怎么传达，英文译成 site of the moment，我试着把它译成"瞬间时机之所"。这是一个很有意思的概念，以这个概念，海德格尔是要从尼采出发思考一种新的时空观，他名之为"时—空"。

海德格尔在《哲学论稿（从本有而来）》中说："时间与空间本身乃源自时—空——比起时间与空间本身及其计算性地被表象的联系来，时—空是更为原始的。"[1] 这话不难理

---

1. M. Heidegger, *Beiträge zur Philosophie (Vom Ereignis)*, GA. Bd. 65, Frankfurt am Main, 2003, S.372.

解，意思是说，时—空原本不分，后来被分割开来的时间和空间概念，是从那个原初的时空不分的状态衍化出来的。现在我们都采纳了科学的、物理的时间和空间概念，我们被科学化了，我们多半只知道三维空间和一维时间，空间是长、宽、高三维，时间是线性的一维。它们都是可测量的、可计算的。我们并不反对可计量的时间和空间概念，我们的日常思维被这个时间和空间概念占领了，但我们要想一想：这是唯一的和根本的吗？还有别的可能性吗？有非科学的时间和空间经验吗？如果没有了其他的可能性，那么我们实际上都会变成机器人，对不对？用不着再造什么人工智能机器人，我们自己就是机器人，只剩下了测量和计算。艺术人文学科就都不要了，直接在理学院里设一个教研室或者实验室就行了。我们当然不会这样想，我们也不能忍气吞声，我们是要抵抗的。我认为，尼采和海德格尔的哲学就构成了一种抵抗的势力。

海德格尔这个时候说，"时—空"是一种神秘的"开裂"（Erklüftung），就是尼采那里说的"碰撞"。我认为他们是故意用这种令人紧张的词语的。如果要进入现代哲学和现代艺术，我们一定要理解这一点，一定要摆脱古典和谐、理性和规则的思维习惯。尼采的《悲剧的诞生》为什么如此重要？是因为他首先告诉我们，艺术的本质不在于和谐、理性和规则，而在于紧张、冲突和斗争。这就是现代性美学。以前和谐、规则的审美标准已经不再是我们主导性的审美经验了，不再适合我们已经变化的经验方式了。尼采说"碰撞"，"碰撞"很重要，要是生命中没有"碰撞"的张力，那还有什么力量？

还有海德格尔说的"开裂"，说裂开了而不是说弥合了。到底什么东西裂开了？是神秘的"时—空"裂开了，是"时—空"的"之间"，但这种"开裂"不是指时间与空间的分离。

海德格尔为什么要说"时—空"？我们先来看时间与空间的分离传统。传统的时间和空间概念都是很自然的，都基于自然生活世界的物经验。这个太自然了，物的运动或者物的形态，它的长宽高的结构，这些都是自然而然的。近代物理学把这种自然的时间经验和空间经验抽象化，把时间线性化、维度化，时间成了一维的直线，如上面所引的牛顿的说法，是"与任何外在的东西无关的""绝对时间"；进而又把空间三维化，空间成了三维的"绝对空间"，同样地，牛顿说"它自己的本性与任何外在的东西无关，总保持相似且不动……"[1] 这种科学的时间和空间观已经成为全人类的习惯思维。科学史上根本的质疑来自爱因斯坦的相对论。爱因斯坦认为，我们不能把时间、空间、物质、运动分开来，没有绝对时间，也没有绝对空间，时间和空间是相对的。而尼采和海德格尔从另外的角度已经达到了这种思考。

那么，怎么来理解这样一种时—空不分，这种不分的时—空、本源性的时—空呢？下面是我的初步理解，不一定对头。海德格尔是在《哲学论稿（从本有而来）》中提出这个思想的。这本书是我自己翻译的，但这书实在太奇怪了，我作为译者也还没完全弄懂。什么叫《哲学论稿》？这个书名表明，作者写好了一本书但不知道取什么书名，于是叫

---

1. 牛顿：《自然哲学的数学原理》，第 7 页。

了这个名。20世纪两大哲学家的两本后期代表作，差不多起了同一个书名，在维特根斯坦那里叫《哲学研究》，在海德格尔那里叫《哲学论稿》，都好无聊。这事儿值得我们好好想一想。他们之所以连个书名都取不出来了，是因为旧哲学气数已尽，而他们做的是另外一种新哲学，用传统哲学的方式已经无法命名了。而且我们看到，这两本书都不是体系化的，而是碎片化的，都是由300个左右的片段和笔记构成的。这是哲学和思想的"命"，我这里就不展开说了。总之我认为，海德格尔的《哲学论稿（从本有而来）》是20世纪最神秘的一本书，特别不好懂。我试着来理解其中所谓的"时—空"。比如其中有这样一段"鬼话"：

时间—空间乃是本有之转向轨道的

被居有的开裂，是那种在归属性与召唤、存在之离弃状态与招呼（存有本身之颤动的战栗！）之间的转向的被居有的开裂。切近与遥远、空洞与赠与、激昂与迟疑，所有这一切都不能从通常的时间观念和空间观念出发而得到时间—空间上的把握，相反地，在通常的时间观念和空间观念中蕴含着时间—空间的隐蔽本质。[1]

---

1. M. Heidegger, *Beiträge zur Philosophie (Vom Ereignis)*, S.372. 其中关于"时间—空间 / 时—空"的定义是："时间—空间乃是本有之转向轨道的被居有的开裂。"对应德语原文为：Der Zeit-Raum ist die ereignete Erklüftung der Kehrungsbahnen des Ereignisses，英译本作 Time-space is the enowned encleavage of the turning trajectories of enowning。参看 M. Heidegger, *Contributions to Philosophy (From Enowing)*, trans. by Parvis Emad and Kenneth Maly, Indiana, 1999。

这种非哲学、半诗性的思想表述当然是令人崩溃的，我得承认自己虽然知道其中暗示的意义方向，但没有充分的能力把这种暗示明确地转述出来。所谓"本有"（Ereignis）即"存在之真理"，是后期海德格尔用来替代他所思的"存在"（Sein）的，其实依然可以理解为"存在"；而所谓的"转向"（Kehre）同样是一个关键词，是海德格尔所思的"存在历史"（Seinsgeschichte）现象，这里指的是"另一个转向"，即从形而上学（所谓"存在之离弃状态"）向"另一开端"的"转向"。可见，海德格尔所思的"时—空"是"另一个转向"的时空经验，甚至可以直接说是后形而上学时代的时空经验，这种经验必须破除"通常的时间观念和空间观念"。

这个时—空不分的"时"和"空"意味着什么呢？以我的简单理解，"时"就是我们此时此刻正在承受的这种"流逝",这种"流逝"是往外推移的,海德格尔说是一种由内而外的"移离"(Entrückung,removal unto),用前期海德格尔的说法,也可以说是一种由内而外的"绽出"(Ekstase)。我们此时此刻就在承受这种"流逝"。我看得出来,今天同学们对我很友好,目光是温柔的,如果我讲得不好,讲得太无聊,大家就会凶狠地看着我,那么这个"时"的"外推"就不大一样了,这个"流逝"就不大一样了。另一方面,如果说"时"是一种"外推",一种"外化",一种由近及远的出离,那么,"空"就是一种"内推",是一种由外而内的"内化",海德格尔用"迷移"(Berückung,charming-moving-unto)来描述,实即一种由远及近的吸引。刚才我讲了,此刻在座各位友好地看着我,毫无敌意,这个"空"的推移就比较好，是一种吸引，相互的吸引；但如果大家用一种紧张的、慌乱的、恐惧的目光看着我，那么这种推移就比较麻烦，对我构成一种巨大的压力，在这个压力下我是会缩小的。所以，这里有一个时—空不分的"时"和"空"，这个"时"是一种往外走的"流逝"，而"空"则是一种由外而内的吸引和压力。这是海德格尔想讲的"时—空"，是在一个具体的语境里面真实的发生，是所谓"移离"与"迷移"共属一体的发生。我们似乎也不能说，这个"时"是主观的，这个"空"是客观的，在此时此刻发生的还没有主客之分，我们承受着"时"意义上的流逝或外推，以及"空"意义上的引和压或者内推，这才是最原初意义上的时—空。

人在时—空之"瞬间"中承受这种内—外与外—内的推移——外推和内推。这种向外与向内的推移是在此时此刻一并发生的，也可以说，外化—内化、出—进、流失—接纳，这样一些"之间"关系是在此时此刻一并发生的，这样的"之间"就是我们实际承受的"时—空"。海德格尔在"时空"中间加一横来表明这种"之间"关系。我们大概可以说，传统意义上的时间和空间是被抽象的线性维度，而时—空是要承受（tragen）的，是要我们自己"扛"着的。我们每时每刻都在承受这种时—空，它是具体的，时—空意义上的"时"的流逝和外推，以及时—空意义上的"空"的吸引和压力。它们是我们当下"扛"着的，或者说"受"着的。这种原初的时空经验是无以言表的，是不无神秘的。我刚才努力结结巴巴地说了许多，也未必就说到点子上了。总之，海德格尔的大致想法是，传统被维度化的线性时间和抽象空间不是原生的，而是衍生的，是从他所谓的"时—空"即生活世界中真实发生的具体的、整体的时—空经验中派生出来的。

四、新生活世界的时空经验

现在让我们来做个总结。我们上面讲了，尼采的"相同者的永恒轮回"学说给我们提供了一种新型的、非线性的时间理解，一种专注于当下时机化生成的"圆性时间"观。"瞬间"是过去与未来的"碰撞"之所，是创造性的"瞬间—时机"。所谓"圆性时间"，不是自然人类的时钟时间，也不是科学（物理）计算的时间，而是艺术创造的"时机"——这里的艺术创造，毋宁是在"人人都是艺术家"的意义上来说的。我们每个人都是创造性的个体，每个人都有这种创造性时机。只要"时机"合成，个体生命是可以通过奇异化和差异化的创造性活动获得意义的。艺术的形而上学性由此获得重新确认。

接着到了海德格尔，他所谓的"瞬间时机之所"是一种原始的瞬间—时机与位置—空间一体贯通的"时间—空间"（"时—空"）。这里我用了两个希腊词，一个是 Kairos，另一个是 Topos，即"瞬间—时机"（Kairos）与"位置—空间"（Topos）。这种时—空意义上的空间不是物理学的抽象的绝对空间，而是位置空间，一个物体放在那儿就有一个位置，一个位置就是它的空间，所以空间是多样的、具体的，每个物体都有它的空间，都有自己的 Topos，这种空间是不空的，是实性的，所以也许可以称之为"实性空间"。"瞬间—时机"与"位置—空间"连在一起，就叫"时间—空间"，一个时—空相通的境域，一种本源性的未分化的"时—空"。用海德格尔的话来说，这就是存在之真理（"本有"）发生的原始境域；我认为，这也是人在生活世界里的实际处身承受。我们每个人都在承受，都在担着扛着，我们担着扛着，我们才能活下来，然后我们才可能进行时间和空间抽象，才能测量和计算时间和空间。我首先要承受着，要是我承受不了了，扛不下去了，好比此时此刻，在座各位太凶猛了，让我受不了了，这时你还去计量吗？计量还有意义吗？这一点我们一定要弄清楚，到底哪个是更为原本的？这实际上又回到了前面讲过的康德和哈曼之争，到底是艺术更原本还是科学更原本？这就是问题所在，我说的是每个人在生活世界里实际的处身和承受。

时间为什么是圆的？现代哲学和科学已经做出了证明，但实际上更重要的是我们每个个体对自己生命的经验，对自己生活世界的理解。我的意思是说，我们每个人要自己去经验，在经验中证明，这个经验和证明的过程也就是每个人生命的展开和完成，这才是关键点所在。我们每个人的生命经验和世界经验是个体化的、差异化的，我们根本就不可能一样。为什么我们今天还需要哲学和艺术？原因之一是现代技术工业正在把我们变得一模一样，变得毫无差别。世界已经被抽象了，物已经被同一化了。我们已经离开了自然生活世界，面对的是一个完全同一化、同质化的机械世界。这时候我们的经验就飘起来了，无法落地。尼采哲学为什么有力量？我认为他始终是要告诉我们，实际上每个人的生活都是每个人自己的，必须自己去"扛"起来，就是刚才我说的"承受"，我们要去承受，承受是第一位的，后面才有其他的经验，诸如科学的经验、物理的经验等。

下面这个问题是我向自己提出来的：圆性时间和实性空间是技术生活世界的时空经验吗？这是我最近一段时间在思考的问题，但我还没想清楚。这个问题有一个前提，即我们这个时代已经或者说还在发生一个变换，即自然生活世界向技术生活世界的转换。传统的宗教、哲学、艺术都是自然人类的精神表达方式。但我们今天不管在精神上还是在肉体上都被非自然化了，在两个多世纪的工业化进程中，人类的生存环境已经全面恶化，我们的身体已经被彻底改造了，今天的人类已经不是100年、200年前的自然人了。肉身如此，精神亦然，我们的精神已经被规划、被计算、被数据化和网络化了。今天我们还离得开手机吗？手机不但比任何工具更重要，比书本更重要，甚至成了我们身体的一部分。

假如上面这个说法是成立的，即人类已经并始从自然人类文明向技术人类文明过渡，那么我们就要提出一个问题：我们今天需要什么样的时间和空间经验？因为时间和空间经验是人类生活世界经验中最基本的要素，其他经验都是以时间和空间经验为基础的。而且我们已经说过，线性时间观和抽象空间观是自然人类的时间和空间经验，差不多是日出而作、日落而息的时间和空间经验，那么，我们要考虑一下我们今天的主题了：何种时间和空间经验构成我们新时代的、新人类的、新文明的时空经验？是我们从尼采那里引申出来的"圆性时间"，以及从海德格尔那里阐发出来的"时—空"吗？

根据我上面的讨论，尼采和海德格尔对于

时代和文明大变局以及相关的时空经验之变显然是有清晰意识的。尼采借助于与"末人"（被技术化的"最后的人"）相对的"超人"概念，表达了他的"未来人"理想，认为人类需要一种力量来节制今天的技术化进程，恢复我们的自然性。这种力量是什么呢？在尼采那里就是艺术和哲学，"超人"显然也与他所谓的"艺术家—哲学家"类型相关。"艺术家—哲学家"作为肉体当然也在不断地被技术化——被规划和被计算，但这个理想的类型传达了人类的一种抵抗，要抵抗不断加速的技术化，不能就这样放任下去，不能放任自然人类的非自然化进程，不能放任技术工业把每个物都同质化，把每个人都同一化。如我所言，保卫个体自由是艺术与哲学共同的未来使命。所以，面对不断被技术化的自然生活世界与需要被自然化的技术生活世界，尼采提出了自己的"超人"理想。这个"超人"是权力意志和相同者的永恒轮回学说所要求的，是存在者整体之真理的承担者。也许在这时候，我们才能够理解海德格尔的一个说法："因为只有在对超人的展望中，相同者之永恒轮回的思想才能够结出果实。"[1] 而最早由尼采启发出来、由海德格尔进一步展开的本源性的时—空经验，理当被理解为"超人"重获自然性的动力要素。我们必须要有这种本源性的时—空经验，让我们以"超人"的方式去承受这个被技术化的生活世界。[2]

我今天的报告已经太长了，最后让我再讲几句大话。艺术和哲学的使命是什么？现

---

1. 海德格尔：《尼采》下卷，孙周兴译，商务印书馆，2015年，第996页。
2. 有关此题，可参看孙周兴：《末人、超人与未来人》，载《哲学研究》，2019年第2期；收入拙著《人类世的哲学》第四编。

在回过头来看，20世纪初由胡塞尔发起的现象学使欧洲哲学得以重启，并且开创了一种关联性思维方式。这就为一种新时空经验的生成做了准备。关联性思维的生成和发育是现象学之后西方哲学和艺术的最重要标志。传统欧洲的超越性思维——哲学—科学的形式性思维和宗教的神性思维——已经抽空了自然人类的生活世界以及生活世界经验，我们只还拥有一个抽象的疏离的世界了。现代哲学旨在破除"线性—计算时间观"，开启一种"圆性时间观"；当代艺术旨在破除"几何—抽象空间观"，开启一种"具身空间观"。时间和空间在这个意义上是一体的，现当代的艺术和哲学实际上已经是"哲学化的艺术"与"艺术化的哲学"了。我们也可以说，主要由现代思想开启的新时—空观——圆性时间与实性空间——是具有革命性意义的，它在哲学上开启了一种关于时间和空间，以及我们的生活世界的更原初、更本真的经验，这种经验更多地在战后的当代艺术中获得了回响。

第三章
如何重建生活
世界经验？
——论实存哲学的
心理学意义[1]

哲学本来就具有心理学的意义，因

1. 本文系作者 2019 年 5 月 9 日 18:30 在第六届中国精
神分析大会上的报告（上海市精神卫生中心教学楼报
告厅，宛平南路 600 号 6 号楼）。报告由同济大学医
学院赵旭东教授主持，超时讲了约两个半小时。本文
根据演讲录音稿整理成文，演讲风格仍予以保留。载
邓安庆主编：《伦理学术》第 8 辑，上海教育出版社，
2020 年。

　　主持人开场白（赵旭东教授）：非常感谢这次第六
届中国精神分析大会组委会，邀请我来主持这么隆重
的会前公开演讲。我刚才特意问仇剑崟教授和张海音
教授，为什么要安排这次演讲，而且选了我们同济大
学的孙周兴教授来讲哲学和哲学心理学。他（转下页）

为除了物之理，哲学还要讲心之理，是

（接上页）们说了理由。这几年我们同济大学人文学院成立了心理学系，2012年，孙周兴教授在哲学门类下边设置了"哲学心理学"专业。他当时错爱了我，把我"哲学"了，我说我被他"哲学"了，今天我们就要把他给"精神"了。他为什么要设这个哲学心理学专业？是他长期的哲学背景让他做这样的事。但有一个偶然的契机，是我请他来参加博士生答辩，研究421独生子女家庭的特征。他当时批评我们的研究，说怎么能拿统计学来计算人心呢？心理学被你们玩坏了，你来主持哲学心理学，恢复心理学的人文传统。这就是我跟他相识的缘起。后来他参加了一次我们家庭治疗的工作坊。他觉得通过谈话来改变人，一直是哲学家应该做的事。只是现在哲学也异化掉了，心理学也异化掉了。最近几年，我在他的支持下已经招收了七位哲学心理学方向的博士生，今天在座的就有好几位，今年要毕业第一位博士。我先把这个背景介绍一下，占用几分钟时间。孙周兴教授是哲学研究大家，平常我们吹嘘某某人"著作等身"，这个词用在他身上没问题，他的著作和译作码起来肯定比他高了。他是国内研究欧洲哲学和艺术哲学的重要学者。其他的我就不讲了，让他有充分的时间来谈谈：如何重建生活世界经验？——论实存哲学的心理学意义。

谓"哲学心理学"。但在近代科学乐观主义的时代里，物理压抑了心理。19世纪后期，人文心理学兴起，形成了精神分析学（弗洛伊德）、现象学心理学（胡塞尔）、实存主义（存在主义）心理学（尼采、海德格尔）等思潮，构成现代哲学心理学的主体。本文重点探讨以个体此在结构和存在意义分析为基本任务的实存哲学研究，以及与此相关的心理学问题，围绕"生活世界经验之重建"这一基本课题，讨论实存哲学与生活世界经验的关系。本文认为，作为滥觞于19世纪后期的新哲学，实存哲学本身是对自然生活世界与技术生活世界之断裂的反应，因此对当代人类的心理经验具有建构性意义。

很高兴参加第六届中国精神分析大会，感谢主办方，居然让我做大会第一场报告。刚才赵旭东教授说曾经被我"哲学"了一把，现在也要把我"精神"一把，这样蛮好的。我的个人介绍就不再重复了，大家可以自己看PPT。我其实是做德国现代哲学研究的，以尼采和海德格尔为重点，也做艺术哲学，最近也在关注技术哲学——我把它叫作"未来哲学"，这四块大概是我的基本工作。我这些工作中有一个关键人物，请大家注意，就是哲学家尼采。我写过一本关于尼采的书，现在正在主编《尼采著作全集》中文版。尼采自称"第一个心理学家"，他这话我是相信的。要是没有尼采，弗洛伊德的精神分析学恐怕是难产的，在这个意义上，可以说我和心理学也是有一点儿关系的。

在今天的报告中，我想主要讲以下四个

方面：一、欧洲哲学史上的哲学心理学；二、实存哲学与实存主义心理学；三、实存哲学与生活世界经验的重建；四、基于实存哲学的当代生活策略。说实话这是一本书的内容，我不一定能胜任。

一、欧洲哲学史上的哲学心理学

首先我想来讲讲欧洲哲学史上的哲学心理学。刚才赵旭东教授讲了，2012 年，当时我还兼任同济大学人文学院院长，我在哲学一级学科博士点里面设立了国内可能第一个"哲学心理学"二级学科博士点，其实当时只有赵旭东教授一个人，现在有好几个老师了，慢慢也有点样子了。我确实认为人类精神世界和精神生活是无法被计算和被量化的，或者说是无法完全被科学化的。但这是一个大问题，等一下我们还会谈到。一定的量化当然是必要的，但问题是，如果以量化为单一标准和唯一尺度，人类的精神文化肯定要出问题的。心理学学科也一样，如果只剩下实验和计量的心理学了，那这门学科至少是不完全的，是有问题的。所以我们要推动哲学的或人文的心理学。

下面想讲的内容比较复杂，有些事情是我最近还在思考的，还没想清楚的，因为今天的人类生活世界变化多端，问题多多，"疯子"（精神病人）越来越多，每年都在增长，接下来我们怎么办？我认为，今天每个个体都有一个任务，就是要重新理解这个世界，重建我们对生活世界的经验。那么，这个生活世界和生活世界经验到底发生了哪些变化？今天晚上我想跟大家来讨论这些问题，这些问题实际上是每个人自己的问题。你是精神病人也好，精神病医师也好，或者别的正常人也好，都会碰到这样的问题。

第一个方面的内容是欧洲哲学史上的哲学心理学。欧洲的"哲学"（philosophia）其实有三个含义。第一个含义，我把它叫作哲学的修辞学意义。大概在公元前6世纪到公元前5世纪，古希腊人开始讲语法，讲修辞和雄辩。当时出现了一批哲学家，被称为"智者"，其实不太像样子，只是替人说话，为人辩护，差不多是最早的"律师"。由于这样的辩护和公共讨论，语法和逻辑就产生了，最早的哲学就形成了。在古代农业文明里都没有产生严格意义上的哲学和科学，古希腊文明不一样，它是一种商业文明，需要有一个商讨和论辩的制度，于是就有了哲学。这是哲学的修辞学意义。

"哲学"的第二个意义，是我们最熟悉

的，就是它的形而上学意义。这就是我们今天理解的哲学，在亚里士多德那里叫"第一哲学"（prima philosophia），后世形成一个学科概念，即"存在学/本体论"（ontology），顾名思义，这门学问就是讨论"存在"问题的，讨论 being（即希腊语中的 on）的问题。这个意义上的"哲学"大概是从公元前4世纪的苏格拉底—柏拉图开始的，在亚里士多德那里出现了成熟的形态。

"哲学"的第三个意义是它的心理学意义，这个意义是同样重要的。哲学一直以来都有心理学的意义。古希腊晚期的哲学家就认为，哲学的主要任务是把灵魂（精神）的病治好。当时的一个说法是，如果哲学家不能治好人们精神上的病，就像医生不能治好人们身体上的病，那么哲学有何用？所以哲学本来就具有心理学的意义，哲学不光是要讲物的道理，也要讲心的道理，这两个东西要一起讲。不过，哲学家们讲着讲着就变了样，因为后来很多人想通过物的道理来讲心灵和精神方面的道理，这就出问题了，这主要是近代欧洲发生的情况。哲学本来就是要讲心的道理，心的道理跟物的道理是不一样的，这个需要弄清楚。所以我们可以看到哲学心理学的起源。最早的哲学家，我刚才说了叫"智者"——我讲的是绍兴普通话，有少数词语发音不对，各位听不懂的话可以相互翻译一下——，他们作为最早的哲人开始了哲学的论辩，他们认为修辞学通过"逻各斯"（logos）来治疗灵魂。什么叫logos？希腊文中的logos就是讲话、说话。通过说话（logos）来治疗灵魂，这是最早的修辞学意义上的哲学，同时也是心理学意义上的哲学。在座的赵旭东教授也是干这个的，就是通过谈话来治疗人们的心理问题，但你看，古希腊人早就这么干了。

把哲学当作一种"治疗哲学"，这是古希腊哲学的优良传统。到中世纪，情况发生了变化，这时候基督教神学占据了统治地位，灵魂和精神的问题不再是人类的事情，而是上帝的事情，被交给教会、神父、信仰了，灵魂问题被教会化和被信仰化了。进一步，到了近代哲学，人开始觉醒和长大，哲学的形而上学意义得到了恢复。近代哲学的基本特征是心物二分，灵魂和精神问题被科学化了。从近代开始，欧洲人开始讨论一个方法论的问题，就是：自然科学与人文科学，物的道理与心的道理，它们之间有没有区别？如果有，有何种区别？或者，所有的道理和问题都可以用一种科学方法即"普遍数理"（mathemasis unversalis）来探讨和处理吗？所谓"普遍数理"就是数学至上，什么都要以数学为榜样。请注意，我们今天这个时代就是普遍数理的时代，但普遍数理的理想当年就已经提出来了。不但如此，当时还进一步提出一个问题：历史学人文科学是不是可以按照数学和自然科学的方法来探讨？数学作为自然科学的知识理想，是不是也是人文科学的理想和榜样呢？如果答案是肯定的，那么，我们人文学院的存在就有问题了，包括人文心理学之类的人文学科，就都应该设在理学院，成为理学院的一个教研室或研究所，逻辑上就是这样。欧洲近代是一个尼采所谓的"科学乐观主义"的时代，主流的声音当然会说，科学是万能的，数学是科学性的标尺。不过也有像意大利的维柯和德国的哈曼这样的怪才，他们当时就逆流而动。这场具有方法论色彩的争论后来一直到 19 世纪后期，特别在狄尔泰那里成了"说明"（Erklärung）与"理解"（Verstehen）之争，按照狄尔泰的说法，自然要说明，生命要理解。自然需要说明，特别是因果说明，自然科学是对事物的原因和根据的追问和说明；而人类生命则不然，人文科学是要对人类生命现象和生活世界提供一种理解和解释。这个问题今天还在，到 20 世纪下半叶，"说明"与"理解"之争依然在延续，今天人们开始谈论人文科学的"空心化"，可见问题变得越来越严重，越来越棘手了。今天我们到了人工智能和大数据时代，把人类所有行为和现象都数据化、数学化了。大家千万不要把机器人想象为一个长得跟我们人一样的人，机器人实际上更应该说是整个系统，整个数据（数字）系统已经把全部人类生活控制起来了。今天饭店里给人带路的服务机器人，以及人们设想的可以陪人睡觉的机器人，那些是假的 AI；真正的人工智能可能你是看不到的，它已经占领了今天的人类生活。

让我回头说事。近代欧洲科学乐观主义的故事到尼采那里有了惊人之变。尼采在 1884 年左右说了一句话，让当时的欧洲人彻底崩溃，尼采说："上帝死了。"当时欧洲人听不懂，因为那时候基本上还是一个信仰时代。你怎么说上帝死了，上帝怎么会死掉呢？上帝死了我们怎么办？我们还能干什么？所有这些问题都涌现出来了。

关于尼采的"上帝死了"有好几种解释。通常的一个解释是说，"上帝死了"意味着基督教以及以之为基础的道德价值体系的崩溃。这个解释没错，但还不够好。第二个解释是什么呢？是说"上帝死了"意味着西方的没落。尼采 1900 年去世以后，1908 年，心理分析大师弗洛伊德在维也纳召开了历史上第一个尼采国际学术研讨会，此后不久，西方出现一本书，就是施宾格勒的《西方的没落》（成书于1912—1914年，初版于1918年），被认为是对尼采"上帝死了"这个命题的直接回应。而通过接连爆发的两次世界大战，欧洲世界的"文化自信"终于受到了重挫。第三个解释说，"上帝死了"意味着以古希腊哲学与基督教神学为核心的欧洲形而上学的衰落和崩溃。这大概是尼采的本意，也是后来海德格尔予以继续阐发的观点。

这三种解释都没错，但我比较愿意相信和采纳第二、第三种解释，尤其愿意赞同第三种解释。我的说法还要进一步。所谓"上帝死了"，意味着以宗教和哲学为核心的自然人类精神表达系统的崩溃。我说的是"自然人类精神表达系统"。今天的我们已经不再是自然人类了，而且可能正在加速变成完全的非自然人类。你千万不要以为你还是一个自然人，你若还这样以为，你就多半误解了自己。我们已经成了技术化的人类，已经进入"技术人类文明"，那是另外一种文明，我们下面还要讲到。现在我们要确认的是以宗教和哲学为核心的自然人类精神表达系统的崩溃，确认这一点很重要，有此确认，你会发现很多问题需要重新理解了。比如说没有宗教，宗教衰落以后，就可以说没有道德了，因为道德是以宗教的敬畏感为基础的，宗教的敬畏感消失以后，道德的时代就结束了。所以，尼采是世界上第一个敢于把自己命名为"非道德论者"的人，这是需要勇气的，相信在座各位都不好意思说自己是"非道德论者"。可尼采说这话的时候欧洲还是一个道德时代，他这样说是要被拍砖的。你想想，什么叫道德？道德教诲警告我们，要好好做人，下辈子还可以做人；如果你不好好做人，下辈子就变成猪了，变成猪就麻烦了，明明你和夫人约好下辈子还要当夫妻的，你却变成猪了，还怎么当夫妻呢？这就是宗教的敬畏感，你不能做坏事，做坏事你就麻烦了，会有报应。宗教的敬畏感隐失以后，道德是没有基础的，我们已经进入一个"弱道德时代"了。很遗憾，我们中国还是一个强道德社会，包括在座各位，也许包括我自己，大家都习惯于用道德主义的目光打量别人，总是用道德主义这根棒子去打别人，道德主义总是指向别人的，而不是针对自己的。比如说，刘强东在美国犯了错误，全国人民都很愤怒，恨不得把他砸死。且不说刘强东给我们民族工业做了多大贡献，无论如何，你有什么资格把他弄死呢？在刘强东案件中，核心的问题恐怕不是道德不道德，而是讲不讲商业规则，因为有人不讲规则，对不对？我们这个时代是工业—商业的社会，这个社会当然在一定程度上还需要道德，但更需要规则。请各位记住我这句话，否则你对今天许多社会事务的判断是难免混乱和错误的。

所以这个尼采太伟大了。我们现在都知道了这个新文明，都处身于这种新文明中了。马克思当年就说了，人类已经进入另外一个文明状态中了。实际上马克思早就看到了宗教的衰落和崩溃，比尼采还要早二三十年。一个价值虚无、精神动荡、道德沦丧（尼采说的非道德化）和心理不安的时代到了。这就是尼采"上帝死了"这个判词的本来意思，这个我们要想清楚。为什么现在精神病人越来越多了？上帝死了，人类心思动荡，稳定感没了，才会发疯。尼采自己也在1889年初疯掉了，疯掉以后却一直没死，一直到1900年才去世。他去世以后，一个新时代开始了。所以尼采是一个标志性人物。大家要记住1900年，这是一个伟大的年份，世纪之交，尼采去世了；弗洛伊德出版了《梦的解析》，心理分析学开始了；胡塞尔出版了《逻辑研究》，现象学这种20世纪新哲学开始了。这是命运性的一年，这些好像都是连在一起的，对人类精神世界的哲学研究进入一个新的阶段。

我所谓的"哲学心理学"就是这个时候开始的。深受尼采影响的弗洛伊德精神分析学开始以无意识、前意识、意识三个精神层次为基础，构造本我、自我、超我这样一个人格结构理论和发展理论，以及以此为基础开创出来的心理疗法。通常讲的心理分析、精神分析主要是弗洛伊德意义上的，但是我觉得还不够，因为广义的精神—心理分析或者说哲学心理学还应该包含另外两个重要的部分，一是现象学心理学，二是实存主义心理学（通常译为"存在主义心理学"）。现象学心理学也是同时开始的，胡塞尔1900年出版的《逻辑研究》开始讨论意识现象和意识结构问题，试图深度把握心理现象的本质结构，把心理学搞成一门本质的—形式的现象学。什么叫本质的—形式的现象学呢？就是一种科学的、普遍主义的现象学。这是大有问题的，但这是当时胡塞尔那儿出现的现象学的最初形态。不过，胡塞尔的现象学强调直观、直觉，强调当下感知，强调意识的关联性，强调意识意向的构成和赋义，以及视域对意向行为的规定性，等等，这些构成了胡塞尔现象学的重要哲学创新。我觉得特别有意义的是，现象学强调直观行为，提出"本质直观"的方法。我认为，"本质直观"是现象学最核心的东西，它是什么意思呢？意思就是，普遍观念（本质）的意义可以在当下的场景里直接呈现出来。比如说这几天中美贸易战又开始了，我提议我们现在不谈什么哲学心理学了，我们来谈谈特朗普和美国政治，来谈谈"民主"和"自由"等，你说等一下我去查查词典，回来再跟你讨论什么是"民主"，什么是"自由"。你傻啊，用得着这样吗？我这里说"民主"或"自由"，你们大家当下就理解了，虽然我们每个人对"民主"和"自由"的理解都不一样，但我们当下就可以开展讨论，没有任何障碍。以前的哲学总是认为观念（本质）的意义需要"中介"才能被理解，我们需要通过各门科学、各种理论、各种方法才能理解普遍的观念（本质），总之，观念（本质）是被中介化的。但现象学告诉我们，我们这种理解是当下直接发生的，不需要中介。中介烦不烦啊？现在我们的生活已经被彻底中介化了，找个对象要中介，买套房子要中介，办个证件要中介。我们为何不能直接搞定呀？现象学就是这样一个要求，认为观念世界就是我们的生活世界，或者说观念世界就在感性生活世界里，没有"另一个世界"，我们对普遍观念（本质）的把握是在生活世界里当下直接完成的，不需要中介。

现象学的直接性——"不需要中介"——这个说法太强了，中介具有间离作用，让我们无法直接面对事物；而且中介经常要骗人的。在座各位精神科医师也是中介吧？倒不是说各位都是骗子，但在你们这个行当中，骗子确实蛮多的。本来精神和心理的问题是要我们每个个体自己直接去面对和解决的，不需要中介，现在有了精神科医师或者心理医师，这事儿就被中介化了。当然，我们需要好的中介，相信各位当中好中介居多。不过我想说的是，现象学是一种要消除观念中介的新哲学。为什么会出现这种新哲学？为什么现象学要强调对普遍观念世界的当下直接的把握？这是因为我们的文化世界，它构造的观念世界，科学、理论、学说、主义，马克思主义、社会主义、资本主义、古典主义、自由主义，等等，已经把我们人类生活搞得太累了，太压抑了，我们要尽力卸掉一些。各位想想，要抛弃所有这一切是不可能的，人怎么可能抛下传统、历史和文化呢？但是我们得努力放下一些，对不对？放下，重新开始——这就是一种新哲学的开始，也可以说一种新文化的开始。

二、实存哲学与实存主义心理学

还有一种心理学，是与实存哲学相关的实存主义心理学。以前我们把它译作"存在主义心理学"，其实这个翻译是有问题的，因为我们用"存在"来翻译 being 或者 Sein，再用它来译 existence 就不好了。Existence 目前既有"存在"译法，也有"生存"译法，我则建议译之为"实存"。总之，存在主义心理学实际上是实存主义心理学。实存哲学（实存主义）出现在 19 世纪中后期，先有基尔凯郭尔和尼采等，到 20 世纪上半叶有海德格尔、雅斯贝尔斯、萨特等哲学家。顾名思义，实存哲学以对个体存在的实存结构和实存意义的分析为主。各位想一想，每个个体都不一样，但我们每个个体的此在（实存）有没有共同的结构呢？我们的生活世界，以及我们对生活世界的理解和经验，有没有一些共同的形式要素呢？这是实存哲学要讨论的。但到底什么是实存哲学（实存主义）？我们还得做一个哲学史上的总体理解。

哲学研究"存在"（希腊文的 on，英文的 being），分成两个问题，一是本质（essence）问题，二是实存（existence）问题。从根本上讲，哲学只有这样两个问题。什么是"本质"问题？本质就是共相、普遍性。当我们问"某物是什么"时，我们很快就进入对普遍性即本质的追问中了。我们说苏格拉底是人，人是动物，动物是生命，诸如此类，这已经是科学和哲学的普遍性规定了。这就是所谓本质主义传统。本质即普遍性。在这个意义上，我们得承认，"本质"这个汉语翻译并不好，因为它完全没有暗示出普遍性或共相的含义，我甚至很想建议把它译成"普在"，直接明了，就是"普遍的存在"。这是"本质"问题。另一个问题是"实存"问题，即 existence 问题。它意指什么呢？指个体的存在，个体的发生、展开、运动、实现等，所以也许可以译为"个在"。实存是指向个体性的，是区别于普在或本质的个在。我这里提供了两个译名，即"普在"和"个在"，意思十分显赫，可是我也没权力强行推广这两个译名。

　　所以哲学实际上很简单，倒可能是学究式的哲学史教材把哲学搞复杂了。哲学只有两条路线，一个叫本质主义（即普在主义），一个叫实存主义（即个在主义）。哲学的主流传统是本质主义，这是从柏拉图开始的，所以也叫"柏拉图主义"，也可称为"普遍主义"。如果以本质主义或普遍主义的思想方式来讨论个体，那就必定把个体归于普遍性，比如刚才我讲了苏格拉底是人，甚至也可以说苏格拉底是一种物质、一种存在，等等。而实存主义则相反，它总是关注个体如何发生，如何展开，如何运动，如何实现，并且试图为之找到原因和根据。哲学只有这两种，或者说有两种哲学意义上的科学，一是关于本质—普遍性的讨论，关于先验的东西的讨论，我们把它叫作"存在学／本体论"（ontology），它是形式科学的观念基础。今天是全球普遍的形式科学的时代，计算机电脑系统实际上是由数理逻辑的两个毫无内容的数字 0 和 1 构成的，但这门形式科学现在占领了全人类文明。不过，最早的形式科学起源于古希腊的逻辑学、几何学和算术等，它们是关于普遍的、形式的东西的科学，所谓形式的东西，就是跟个别事物和个体经验毫无关系的东西。另一门科学（哲学）是关于实存—个体性的讨论，这种讨论关乎对个体此在（Dasein）及其根据的追问，最终会进入关于超验之物的探讨，形成了实存哲学或者所谓存在主义，但它在历史上总是与神学相粘连，或者说总是具有神学的指向。所以笼而统之，欧洲历史上的根本学问无非哲学与神学，而且两者总是纠缠在一起，难解难分。

一部西方哲学史，关键就是要搞清楚上面描述的两条路线。与这两条哲学路线相应，人也有两种性格。本质主义是一种性格，本质主义者是集体主义者，我是什么我做什么。本质主义者／集体主义者是很安分守己的，当领导的人物最喜欢这样听话的下属，因为他叫你干什么你就干什么。我是什么？我是教师，这就决定了我要好好教书，好好上课，别乱搞，对不对？本质主义者比较坚持，比较守成，但缺点也是明显的，就是比较自闭，比较缺乏创造力。如果一个单位全是本质主义者，这个单位也就基本没戏了。实存主义者是个体主义（个在主义）者，是革命者，是越轨者，总是想着生活在别处，总是要出位。什么叫"出位"？出位就是出去，放弃现成，成就另一个你。实存的本来意思就是出位。大家可不要想多了，出位是人的本性，人人都会出位，善于出位者比较狂野，比较有创造性，甚至可以说出位就是创造。但我们大部分人其实是两种性格的复合，既是一个本质主义者，又是一个实存主义者，经常是双重人格的——双重人格有什么不好？一般人偶尔也出位，但经常是很听话的，大概就是这个样子。经常出位的人，风险很大，最后可能就要送到各位这里来治疗了。然而完全不会出位者，不能向未来和可能性开放者，也是会有问题的，容易得抑郁症和自闭症。所以，我们人其实好可怜的，一不小心就出位了，或者一不小心就自闭了，反正总有两个危险，不可能始终维持平衡，要保持紧张的平衡是很困难的。

从19世纪后期开始的现代实存哲学开始重新定义人。以前关于人的定义是有问题的，诸如人是政治的动物，人是逻各斯（说话）的动物，人是理性的动物，人是劳动的动物，等等。所有这些定义都各有道理，也各有问题，似乎都不够。实存哲学希望重新定义人，在个体主义—实存主义路线上来对人做出重新界定。实存哲学家认为，我们要从可能性和自由的角度来规定人，就是说，人是向未来开放的自由的个体。我相信这是一个实存哲学的定义，它的含义可以分三点来讲：第一，人有现场直接发动的能力，这类似于我们上面讲的现象学哲学的开端性主张，这里不再展开了。你一旦失去了这种直接发动的能力，你就麻烦了，麻木了，就跟猪一样沉陷于现实了，就没有创造性了。第二，人具有向未来开放的自由的本质，这种可能性当然是跟第一个直接性相关的，人是可能性的动物，而可能性高于现实性。第三，自由的个体要通过创造来完成自己的本质，我们可以称之为创造性本质。我的微信号上的签名是用德语写的一句话，有朋友问我啥意思，我说意思是：人与猪的本质差异在于人总是能够重新开始。后来好像成了一句出名的话。有人开玩笑说，你对猪好像不大友好嘛。我说，哪里呀，我只是打个比方而已。但"重新开始"确实是人的基本规定性。

下面我们来讲讲实存哲学的心理学意义。

实存主义心理学是当代人文心理学的一大派别，相信在场有好几位这方面的专家。我不能多讲，也不能乱讲，只想强调三点：

第一，实存先于本质。我们以前也经常讲"存在先于本质"。我刚才说了，要理解这句话，你还必须搞清楚什么叫"实存"，什么叫"本质"。"本质"就是普遍性，比如我们说某人已经失去了人的本质，啥意思？说的就是某人丧失了人的普遍规定性，已经不能满足这种普遍性了，已经离人的普遍规定越来越远了。"实存"则是指个体行动，人的个体性实现。所谓"实存先于本质"，就是说个体的行动优先，按照萨特的说法，如果我还没有行动，还没有展开自己，还没有实现自己，我怎么知道我是"什么"呀？怎么知道我的"什么—本质"啊？我的本质是在行动中展开和实现的。这是对西方本质主义传统的彻底摧毁，这一点很重要。行动优先，首先要行动，要去实现自己，我才可能知道我是"什么"。现在我是一名教师，就永远是教师了吗？为什么我不能成为别的角色呢？比如去当一个艺术家，去当一个包工头或者赚点中间差价的二道贩子。也有可能呀，对不对？但现在这个职业和名头限制我了，说我是个教授，搞哲学的，这个那个，我被规定得死死的。跟随海德格尔的萨特就认为，人不能安于既有的规定性，人有丰富多样的可能性，可能性高于现实性。把个体的行动、选择自由放在优先地位上，强调个体的自由选择，这是实存主义的基本点；但要注意，这样一来，实存主义同时也把个体置于没有保护、没有约束的境况中了。这是它矛盾的地方，因为个体行动优先，个体是一个"出位者"，总是想出去，总是追求可能性和变异，总是生活在别处，这个时候谁还管得住他？一个单位里面如果一半是这样的人，那么做领导的就要崩溃了，没人会听他的，他也经常找不到人，这就麻烦了。这方面的例子很多，各位看看周边的人，或者审视一下自己，大约就能理解我说的状况和我说的意思了。简单说，实存先于本质，是实存哲学的第一主张，虽然像海德格尔这样的哲人想得更多，认为这个主张只是单纯地颠倒了以前的"本质先于实存"，因而依然是一个形而上学的命题。但我们也必须看到，实存哲学的兴起是有其历史背景和原因的，现代技术工业加剧了本质主义或者普遍主义，形成了一种更强大的同质化和同一化力量，从而使如何保卫个体自由和个体异质性的问题成了哲学的当务之急。

第二，实存论的境域 / 语境 / 世界分析。

首先，以现象学为出发点的实存哲学要破知识关系而深入存在关系，开启一种新的"世界"讨论。我们与事物的共在是在先的，而认知（理论）则在其次。如果我跟事物不在一起，没有这种存在的关系，那么，我们怎么可能了解和认知呢？但我们现在已经习惯于认知，专注于认知，以为认知是优先的和基本的。我跟赵旭东教授是老朋友，他在200米之外我都可以认出他来，这就是认知优先，因为实际上200米之外的赵旭东老师在我的视觉成像中只是米粒这么大一点点，其实是我无法辨认的，但是我凭着"知识"就能把他锁定。这里面就有问题了，万一不是呢？而且我们完全忘掉了，我跟赵旭东首先是遭遇了，碰在一起了，都在一个大学里上班，而且都是从德国回来的，他是哲学家雅斯贝尔斯的学生的学生，我是海德格尔的学生的学生，于是我们建立了一种兄弟般的友情，等等，这些才是重要的和在先的，有了这些关联，我们才可能"认识"，才可能成为好友。总之，共在是更为重要的，而后才有认知。现在我们都是"知识人"或者"理论人"，尼采说，从苏格拉底开始，所有人都是"理论人"，都是喜欢"理论"和愿意"理论""理论"的人。理论是什么？理论就是要为自己的行为做出说明——不是"解释"，而是"说明"。说明的主体是因果说明，今天我为什么要来这里做演讲？其实原因有很多项，但我们往往要把它锁定为一个原因，要提供一个单一的因果说明。这就不对了。所以这里面有好多问题，根本问题是把理论和知识当作我们人生在世的最根本和最优先的维度。其实呢，用前面的话说，存在关系在先，认知关系在后。其次，事物的意义是由视域/

境域决定的，而不是由我们主体决定的。这一点很重要，是现象学特别重要的一点。比如我手上的这件东西，在今天这个语境里面，我自然而然地把它把握为一个水杯，喝茶用的。但如果语境切换了，它可能就不是一个水杯了，而是一个白色圆柱体，或者一个化学容器，里面放着砒霜之类。事物的意义基于环境或语境，事物本身没有固定的意义，这一点听起来没什么稀奇，却是20世纪人类思想达到的一个新的境界。对此我还愿意多说几句。我认为西方哲学史上关于物的存在 / 意义无非三种观点。第一种观点是古典时代的，认为物本身有它内在的结构，物的意义在于它自己，in itself。第二种观点是近代的，近代哲学说物的意义是主体赋予的，事物只有 for me 才有意义，不然就没意义。第三种观点差不多是在20世纪出现的，今天仍然在生成中，说物的意义取决于它以何种方式被给我，或者说在什么样的语境里与我关联，我称之为"关联性"。世界进入关联时代，而哲学早就开始讨论这些了。所以在历史（欧洲历史）上，物有三义：一是 in itself 的物本身（即"自在之物"），二是 for me 的对象性（即"为我之物"），三是物我交织互为的关联性（即"关联之物"）。[1] 这样的历史性变化是我们一定要搞清楚的。人类今天的处境不一样了，因为我们进入一个关联性世界中了。这一点在哲学上是从现象学开始讨论的，人在一个世界中存在，要跟事物打交道，要跟他人打交道，是在一个关联体里面，是在一个普遍联系的环境里面，没有一个孤

---

1. 详细的讨论可参看孙周兴：《物之经验与艺术的规定》，收入拙著《人类世的哲学》第三编，商务印书馆，2020 年。

立的个体，也没有孤立的物，在这个环境里，所有物、所有人都是相互指引和相互关联的，海德格尔称之为"因缘联系"，这个"因缘联系"的整体就是"周围世界"。总之，物的存在（意义）既不在它本身，也不在自我—主体，而在于特定境域下的物以何种方式与我发生关联，这是20世纪思想的重大突破，这一点很重要。

第三，向死而生。这是海德格尔的一个著名"口号"，在坊间流传甚广。这里首先涉及死亡问题，一般而言涉及个体实存的时间性意义分析。死亡问题很难讨论，因为我们无法经验死亡。我们生时，死还未来；我们死时，已经不可能经验死亡了。虽然无法直接感知死亡，但我们又确知自己是必死的，而且特别恐惧和忧虑死亡。人都怕死，都不愿死。再有，我们平常只能通过他人的死亡来感知死亡；但另一方面，他人不可能替我们死，死亡是必须由个体自己承担的。死亡如此复杂，又如此令人吃惊，所以是一大哲学难题。哲学甚至被认为就是"练习死亡"。海德格尔怎么来讨论死亡呢？他给出了一个实存论上的莫名其妙的"定义"："死亡作为此在的终结，乃是此在最本己的、无所关联的、确知的，而作为其本身则是不确定的、超不过的可能性。"[1]这个"定义"其实相当精致，需要我们细细领会。我们这里要关心的是，为什么要"向死而在"或"先行进入死亡"？海德格尔的论证大致如下：人未死之时总是不完全的，要获得本真的"能在"即整全的存在，从而掌握此在存在的"意义"，就必须先行进入死亡这种极端可能性。这意思

1. M. Heidegger, *Sein und Zeit*, Tübingen, 1993, S.259.

恐怕也就是"练习死亡"。本真的此在是"向死而在",死亡这种极端的此在可能性永远是"将来"。这就达到以将来为指向的时间性的思考了。此在当然有过去——所谓"曾在"——,而且要不断回到过去,正是在此"回归"过程中成就"当前"。于是海德格尔说:"曾在源自将来,其情况是:曾在的(更好的说法是:曾在着的)将来从自身开放出当前。我们把如此这般作为曾在着的有所当前化的将来而统一起来的现象称为时间性。"[1]这种时间性就是此在存在的意义,或者说就是此在的超越性的源始结构。海德格尔这里的实存论存在学思路我们不能深研和展开,我只想说,海德格尔在尼采之后,超越传统的线性时间观,进入一种"圆性时间"观的

---

1. M. Heidegger, *Sein und Zeit*, S.326.

思考中了。"圆性时间"是我的说法，基本意思是：时间不是线性的，不是一条永远流失的直线；而是说，时间是圆性的，是三维循环涌现的。关于这种"圆性时间"，我们后面还要讨论。

以上三点是实存哲学中最具心理学意义的主张，我们也可以说，它们是实存主义心理学的哲学基础。实存主义心理学的前驱实际上是基尔凯郭尔和尼采。基尔凯郭尔是比尼采稍微早一点的丹麦哲学家；尼采是1844年出生，1900年去世的德国哲学家，是近世最伟大的三个哲学家之一。当然，影响实存主义心理学的还有心理分析学和现象学等，我们前面已经有所提示。它的奠基工作则是雅斯贝尔斯的精神病理学和实存哲学，以及海德格尔前期的实存论分析。海德格尔之后，德国出现了一个重要人物，叫路德维希·宾斯万格（Ludwig Binswanger），他是把海德格尔的实存论应用到心理分析之中的关键人物，我们国内好像已经有人在研究，但大家了解得还不算多。流传到美国以后，实存主义/存在主义心理学和心理治疗方面出现了三个重要人物，维克多·法兰克（Viktor Frankl）、罗洛·梅（Rollo May）和欧文·亚隆（Irvin D. Yalom），终于成就为一个重要的思潮和学派。我们这里举一个例子，来看看欧文·亚隆的实存心理治疗。他有一本书，在台湾被译为《存在心理治疗》（*Existential Psychotherapy*），其实是"实存取向的精神治疗"或者"精神动力取向的精神治疗"。亚隆的存在/实存精神动力学的基本假设是："存在的立场强调不同的基本冲突：既不是本能受到压抑所造成的冲突，也不是内化的重要成人关系所造成的冲突，而是个体面临存在的既定事实所造成的冲突。"[1] 这是亚隆的《存在心理治疗》里的一句话，他实际上改造了弗洛伊德的精神动力学。我们不妨对照一下亚隆的存在/实存精神动力学与弗洛伊德的精神动力学的结构：

1. 驱力（即本能）→焦虑→防卫机转；

2. 终极关怀的觉察和恐惧→焦虑→防卫机转。

我们看到，在弗洛伊德的精神动力学中，所谓"驱力"就是本能，特别是性欲（爱欲本能）和死欲（死亡本能）这两个东西。亚隆把这种"驱力"改换成"终极关怀的觉察和恐惧"，这是一个动力性的改变，但基本结构没变。而所谓"终极关怀"（ultimate concerns），

---

1. 欧文·亚隆：《存在心理治疗》上卷，易之新译，张老师文化事业股份有限公司，2013年，第36页。

亚隆也称之为四大"既定事实"。亚隆说的四大"既定事实"或者"终极关怀"是：1. 死亡（death）：个体生命无可替代、无可回避的终极可能性。2. 自由（freedom）：自由意味着缺乏外在结构，选择的无根和决断的责任引发恐惧。3. 孤独（isolation）：个体根本的孤独与渴望融入和保护之间的张力造成存在的冲突。4. 无意义（meaninglessness）：人生根本虚无，我们为何要活下去？这四大主题全都是实存哲学的核心论题。

第一个"既定事实"或"终极关怀"是死亡。个体生命面临着死亡，这是一种无可替代的终极可能性，是最极端的可能性。现在有人说我们人类将活到150岁了，还有一个说法是人类将活到500岁。科学家雄心勃勃，展现出各种远大理想。但哪怕是活到120岁或150岁，在座的心理分析师都得考虑更多的问题。要活这么久，我们该怎么办？我们如何度过这漫长而无聊的人生呢？我们的生命的许多内容需要重新规划。你想想好了，人寿大幅拉长后，旧的一夫一妻制恐怕就有问题了；工作（职业）也是，我们大概不可能一辈子只干一份工作了。情况已经变了，而你还守着以前的梦想，那就大有问题了。然而，哪怕人能活到四五百岁，也终归要死的，这个死是逃不了的，也是无可替代的，不能让别人替你去死，就算让别人去死，那也是别人的事，而不是你的事了。再说，死是无法体验的，因为死亡来临的时候你已经没有能力体验了，它是最后的可能性。前面说了，海德格尔为什么要关注死亡问题呢？他说如果我们不关注死亡，不能"先行向死"，我们对生命是不可能有整全理解的。但我们现在面临的问题是什么呢？就是一个个体生命无可替代的、无可回避的终极可能性，它是最终的事实，是一个"既定事实"。亚隆认为这是核心的"终极关怀"。

第二个"既定事实"或"终极关怀"是自由。你自由了，却不一定好受，还说不定会很难受。我们经常在讨论我们需要自由，我们在追求自由，然而尼采说，"上帝死了"，我们每个人都自由了，我们每个人都仿佛光着个屁股在沙滩上跑，但我们不知道跑到哪里去。这是尼采的说法。就是这样一个状况，因为你彻底自由了，你就不知道怎么办，你的选择没有了根据。你会觉得这个责任变得很重很重，从前我们可以交给教会和神职人员，他们会管的，我们特别轻松，现在不行了，我们得自己承担自由的责任。这就引发了一种恐惧，即恐惧自由。就此而言，自由是第二个终极性的问题。

第三个"既定事实"或"终极关怀"是孤独。我们每个个体最终都是孤独的，哪怕你有老婆有情人，有家人有朋友，哪怕你是万人迷，总是有人前前后后簇拥着你，你也是孤独的，没有人能真正走进你的内心，你没有办法，这是根本性的孤独。你骨子里是孤独的，但你渴望着融入群体，渴望着被保护和被关怀。这就构成一种根本的冲突，就是亚隆说的第三个"既定事实"。什么叫"既定事实"？这种根本意义上的孤独就是一种。

第四个"既定事实"或"终极关怀"是无意义，也即虚无。人生根本虚无，为什么我们要活下去？这是尼采在《悲剧的诞生》里提出来的问题。在《悲剧的诞生》中，当时二十几岁的尼采用一个希腊神话来说这件事情，说希腊神话中的酒神狄奥尼索斯的老师西勒尼是一个有趣的神仙，他知道人世间最美好的东西是什么。有个国王下令把他找来，找到以后就问他，人世间最美好的东西是什么？快快告诉我，不然我杀了你。西勒尼说，人世间最美好的东西有，但你已经拿不到了，那就是不要被生下来，不要出生。但你已经被生下来了，那就没办法了。国王又问，那么次好的东西是什么？昔勒尼说，次好的东西你可以拿到，但你是不会愿意的，那就是早点死掉，快快死掉，你愿意吗？你不愿意啊。那国王大怒，不再追问了。因为剩下的只有一项了，就是：活着最苦最糟。为什么生命如此短暂，活着如此痛苦，人还愿意活下来？你告诉我为什么？尼采后来把这个问题更深化了，说我们每天都在重复自己的行为，重复了一万次两万次，为什么你愿意重复呢？重复的意思是什么？如果这个问题不解决，你就无法再行动下去。所以在尼采哲学里有两个根本性的问题，一是人生如此艰难和悲苦，为什么我们愿意活下去？二是我们不断在重复自己的行动，我们人生的大部分行为是重复的，为什么我们愿意重复？你说一次跟一万次有区别吗？如果你不愿意要第二次了，尼采说，那么这一次你也不应该要。尼采太认真了，在今天的人们看来，可能认真得有点傻了。现在的人们搞一夜情，哪儿有第二次、第三次呢？但是尼采不一样，尼采认为人生还需要负责任的态度，如果你要这一次，你就必须想好你还要不要第二次。哪怕是一夜情，也还有这个问题：有了这一次，还要不要下一次一夜情？米兰·昆德拉《生命中不能承受之轻》的主人公托马斯就面临着这样一个难题。重复的意义在哪里？这些问题不解决，活着不就跟猪一样吗？所以这是一个严重的意义问题。人是寻求意义的动物，然而人生根本上是虚无的，这就成了一种纠缠，有些精神病就这么来的。

上面介绍的是亚隆的实存心理学的观点。不难看出，他所谓的四大主题其实就是实存哲学的根本主题，也就是对实存哲学的基本思想的提炼。我觉得他这种讨论特别好，表明他的心理学是有哲学根基的。

三、实存哲学与生活世界经验的重建

下面我们来讲第三个问题，是我这次演讲的主题，就是生活世界经验的重建。刚才我们讲的实存哲学，实际上是对生活世界发生的巨大变化的一种反应，这是一种很强烈的反应。我们要来看看，上帝死了，世界乱了，这个世界还会好吗？刚才我已经讲了，传统价值体系崩溃了，自然人类精神表达方式崩溃了，人类进入技术统治时代，这一点我们一定要好好体会。比如说宗教，如今大部分宗教已经崩溃了，只有少数几种宗教还有些力量，欧洲基督教差不多已经衰落了，我在欧洲住过两年，对此是有过体会的。欧洲古典音乐也是，现在只有老年人去听了。前几年的一个春节我在德国，跟一帮艺术家喝酒，喝完酒他们邀请我去听一场教堂音乐会，我怕丢人，为了显示中国学者也是有点文化的，所以跟他们去听了，进去以后发现我大概是现场最年轻的。这真的好遗憾，这些多么美好的东西离开我们而去，许多传统价值都慢慢消失了。因为什么呢？因为我们的世界在变化，世界变了，许多传统的东西只有纪念的意义了。我们今天听巴赫，听贝多芬，大概更多地只是为了怀旧和纪念。这是一个文明的裂变，我把它描述为自然人类文明向技术人类文明的转变和过渡。这个裂变的根本动因是什么呢？无疑是技术工业。大家注意到欧洲机器工业是从1760年开始的，从蒸汽机开始，人类进入技术工业时代，直到1945年原子弹爆炸，才真正宣告了我所谓的"技术统治时代"的到来。这中间大概花了170年到180年的时间。原子弹爆炸以后，现代技术进入加速状态，速度越来越快，一方面是技术工业文明的上升，另一方面是自然人类文明的下降，差不多构成了今天人类文明的基本状况。现在我们必须重新定位，重塑生活世界的经验和生命经验。

我们先来确认这一点，这里有一个新概念出来了，叫"人类世"（Anthropocene）。"人类世"本来是一个地质学的概念，指这样一个地质年代，其中，人类的活动可以影响地球运动了，而且在地球上留下了明显的痕迹。我以前学过地质学，知道地质学家最讲证据，地球上发生了什么，一定在地层上留下了证据。"人类世"有很多证据，主要包括放射性元素、二氧化碳含量、混凝土、塑料和化工产品、地球表面改造、氮含量、全球气温上升、大规模物种灭绝，等等，这些都在地层上留下了证据。[1] 凡此种种，都表明人类已经成为影响地球地形和地球进化的地质力量。

"人类世"究竟意味着什么？这个概念大概对很多人来说是新的。首先，"人类世"意味着人类居住在上面的地球进入一个新纪元了，这是地质学家的研究。有地质学家建议把 1945 年界定为"全新世"的结束，"人类

---

1. 参看孙周兴:《现代技术与人类未来》，载孙周兴主编:《未来哲学》第一辑，商务印书馆，2019 年，第 65 页以下；收入拙著《人类世的哲学》第二编。

世"的开始，而按照我的说法，这就是自然生活世界转变为技术生活世界了。其次，"人类世"意味着人类统治形式的转变。以前是"政治统治"，现在是"技术统治"，这是我的两个概念。现在，自然人类文明及其政治统治方式衰退了。"政治统治"是自然人类的基本统治方式，或者说社会组织和治理方式，它的核心要素是哲学和宗教。每一种制度后面都有一个哲学的设计，哲学提供的是一种本质主义和集体主义的制度构造法则和社会组织原则，社会制度是这样，教育制度也是这样；宗教提供的是心性道德的基础支撑，是指向我们个人心性的超验绝对主义—道德主义的信仰和规范。所以，我们要想明白，尼采说的"上帝死了"到底意味着什么？我认为是：自然人类精神表达体系及其政治统治方式的崩溃。一句话，"人类世"意味着由哲学和宗教支撑的政治统治的衰落和崩溃，现在我们进入了技术统治时代。当然你们会说，这个世界现在还不是特朗普等政治大佬们说了算吗？特朗普发了个推文，我们中国股市就跌了7%、8%啊！这当然没错，但我们还必须看到，特朗普背后还有技术和资本，美国特斯拉公司的马斯克好像是坚决鼓动特朗普跟中国搞贸易战的，但他第一个跑到上海浦东拿地开厂了。这事儿特别让人费解，我认为这就是政治背后的技术和资本。要想清楚这些，我们才知道，现在是一个技术资本的时代，政治运作往往只是技术资本的一个表面现象。而且，相信我，这一进程会加速推进。

"人类世"还意味着自然人类被技术化。这里我联想到尼采的两个概念，是他在1884年的《查拉图斯特拉如是说》里提出来的两个概念，一是"末人"，二是"超人"。什么叫"末人"？尼采暗示我们，所谓"末人"就是被计算和被规划的人，即被技术化的人，我理解的也就是包括我们今天在座各位在内的"最后的人"，"末人"就是这个意义上的"最后的人"。那"超人"是什么呢？你以为往天上飞的叫"超人"？尼采偏偏说，"超人"的意义在于忠实于大地。什么意思？大地就是身体，就是自然。今天我们必须有一种理想，要恢复和保存我们的自然性，这是人类面临的艰巨任务。我们今天被普遍而深刻地技术化以后，如何保持我们作为自然物种的最后脸面和底线？这才是一个关键问题。所以尼采提出两个概念，"末人"和"超人"，这简直是太伟大了！这就叫天才。[1]

---

1. 相关讨论可参看孙周兴：《末人、超人与未来人》，载《哲学研究》，2019 年第 2 期；收入拙著《人类世的哲学》第四编。

所谓"人类世"，要在上面这个进路上来理解，我们才能弄清楚它的意义。如果我们今天已经在"人类世"里面，那么，我们生活世界的经验面临什么样的问题？应该如何来重建生活世界经验？首先是关于事物的感知经验。生活世界已经切换了，我们从自然人类生活世界切换到了技术人类生活世界。以前在自然人类生活世界里面，我们碰到的事物有两种，一种是自然的物，一种是手工的物。但现在已经不一样了，今天早晨我从苏州回来，从苏州回到上海家里，下午再到这儿，整个过程中我没有碰触过一件自然的物和手工的物，我碰到的所有物体都是机械的物。也许在座各位当中有个别富豪，他在自己的菜园里劳动了一个上午，下午赶到这儿来了，那是有可能的，不过我们大部分人已经不再接触自然的物和手工的物了。今天我们碰到的都是机械制造出来的物，技术的物占据了主导地位。这个时候我们关于事物的经验也发生了变化，自然的物和手工的物是有个体差异性的，我把这种差异性叫作"殊异性"，这种殊异性是我们的事物感知和事物经验的基础。如果没有这种殊异性，两个东西长得一模一样，我就无法把它们辨认和区分出来，我的经验就会落空，我不知道怎么办。各位想一想，如果在座三四百位朋友，你们长得一模一样，我站在这儿讲课是会难受的，恐怕会疯掉的。可是技术真的已经——正在——把我们的周围世界变得一模一样，巨量的机械复制的物品使周围世界的事物失去了殊异性，这时候我们的经验会空转，不知道怎么落地，我们就不知道怎么把握事物，不知道怎么把身边的事物给确认下来，怎么把这个茶杯跟其他茶杯区分开来。

我认为我们生活世界里已经发生，而且正在加剧的这样一种巨大变化，正是我们现代人心灵不安的重要原因之一。这真的是一个问题。

其次，生命经验的重点从精神性到物质性的转变。以前在自然人类状态下，我们特别追求精神性，我们讨厌肉体，我们认为肉体是丑陋的，是要被摆脱的，而精神是高尚的，传统西方文化与中国文化都有此倾向。我们强调宗教，我们推崇道德，传统的时代是强道德时代。我们还有比较强大的感性感觉能力，我们认为美的东西是和谐的，那是自然人类文明的美学理想。我们构造各种制度，强调集体主义，在中国是这样，在西方也是这样。但是，在技术人类生活世界里，我们的生命经验发生了根本性变化，我们更强调物质性，我们的信仰和道德感弱化了，等等。我们基本上可以形成下列对照：

1. 自然人类生活世界经验：

精神性、宗教—强道德感、强感性、和谐美感、集体主义等。

2. 技术人类生活世界经验：

物质性、无信—弱道德感、弱感性、冲突美感、个体主义等。

这种对照当然是相对而言的，但大致不差，可以提示两个生活世界的差别了。拿美感来说，从前的自然人类追求"和谐美感"，而现代人则强调"冲突美感"，以为冲突和紧张才具有美感。这是从现代主义艺术开始的。为什么现在很多人去美术馆参观现当代艺术，去听现代音乐，看电影或者别的，经常感到无所适从，不知道怎么表态？主要是因为他们多半还坚守着古典的和谐和规则的美学要求。这个生活世界已经变了，艺术作品和艺术表达也变了，已经不再有和谐的美感。比如说瓦格纳的歌剧（他叫"乐剧"）打破了传统音乐的和声结构，他给出的理由是什么呢？他说自然本身就不和谐，为什么我们的音乐里只能有和谐的和声结构呢？尼采肯定理解了瓦格纳的这个思想，十分激动地写了第一本书，即《悲剧的诞生》，从一开始就强调古希腊艺术中两种自然冲动的紧张交织关系。一句话，今天不再是古典时代了，而你还守着古典美学原则去欣赏现代艺术和当代艺术，那就只好骂娘了，说这是什么鬼啊！所以我做了上面的对照，即自然人类生活世界经验和技术人类生活世界经验之间的差异性的对照。不过我只是列出了几点，各位还可以继续补充的。

那么，如何重建技术人类生活世界的经验？我想提出几个要点，而且特别希望跟在座各位讨论，因为各位多半是心理分析师，在这方面比我有更多的实际经验。我只能从哲学角度来提出建议和思考。

第一点，要重建世界信念。我们需要区分信仰与信念，因为在后宗教时代里，我们已经失掉了对神性的信仰，但我们必须确认和重建生活世界的信念。注意我这里区分了信仰与信念。信仰是绝对的，是对神性之物（至高者）的服从；信念是相对的，是生活的定力，是对周围世界之稳定性的信赖。这个区分很重要，信仰是信服，不是论证，一论证就会出事，就会产生对至高的神性之物即上帝的怀疑。上帝是怎么死掉的？原因就在于西方人开始用科学的方式讨论和论证上帝的存在，以及其他神圣事物。比如，他们居然提出了这样的问题：圣母马利亚没有肚脐眼是怎么把耶稣生下来的？到这一步，宗教就快完了，因为圣母马利亚是不需要肚脐眼的，更不需要你来论证。就此而言，上帝早就死了，当欧洲人开始用科学和哲学的方式处理神学问题的时候就死了。我一直认为，哲学是论证，宗教是服从，这两者要明白区分开来。两者也对应于不同的个体心性，心思强的人要学哲学，因为他要论证，要积极掌握自己的生活；心思弱的人则可以信宗教，以求心灵的抚慰。如果心思强的人去信教，对上帝、对自己都不太好，因为他太强大了又不服从，两头都不好；而心思虚的人需要服从，需要把自己交出去，交给一个强大的东西，这就是宗教信仰。这是信仰，那么信念又是什么？今天我出来的时候把电脑放在办公室了，我相信我回去时它还在，这样的相信就是信念。但各位想一想，这种信念根本上是不可靠的，是经不起反思的，我怎么能确定我回去时它还在呢？有一次我到旁边办公室串门，回到自己的办公室时，一个小年轻从我的办公桌后面站了起来，我说你是谁？干吗？他说我来捡球的（因为办公楼背后是球场），然后飞快地跑掉了，我没来得及反应，事后一想才知道他是一个小偷。其实小偷蛮多的。我怎么可以假定我回去时电脑还在呢？但是如果我不做这样的假定，我的生活是麻烦的，出来讲个课，就得把好多东西背出来，那我会累死掉的。生活中每个人都多少会有一点强迫症，明明已经把门锁好了，还转回去再推一把。这种感觉是不对的，也是不好的。我们要对这个生活世界持有一种信念，它是可靠的、稳定的、安全的、友好的，虽然这样的假定都是经不起哲学反思的，是可怀疑的，但我们必须有这些假定，如果没有就麻烦了。我认为，现在很多人已

181

经没有了此类信念，没有了就出问题了，在生活中就会不知所措，不知道手往哪里放，不知道话该怎么说，整个是慌乱的，于是就得去找心理医师了。简言之，这种信念是对周围世界的稳定性的信赖，是基于假定的、相对的信念，而不是绝对的信仰——我们不能把它们夸张为信仰。所以我的说法是，我们要重建我们对新的生活世界的信念。

第二点，要重建世界理解。这与第一点不无关系。我们要重建世界理解，要把世界理解为一个有意义的和亲熟的关联体。前面我们已经讲了，在欧洲历史上，关于物和世界的理解可以清晰地划分为三个阶段，即自在之物——为我之物——关联之物，对应的哲学也有三种，即古典存在学 / 本体论——近代知识学 / 认识论——现当代语言哲学。到第三阶段，欧洲的思维方式发生了一个重要的转变，就是从超越性思维向关联性思维的转变。我们置身其中的世界已经变了，因此需要重建对它的理解，把它理解为一个亲切熟悉的关联世界。马克思早就看到了这一点，说世界进入一个普遍交往的时代，没有区域性的东西了，人是世界历史性的了。马克思在 1844 年就开始讲这样的话，确实厉害。我现在越来越佩服这位先知了，他已经预见到了一个由技术工业支配的新世界的出现。[1]刚才我讲到欧洲历史上关于物和世界的理解的三个阶段，最早在古典时期，人们把物理

---

1. 参看孙周兴：《马克思的技术哲学与未来社会》，载《学术月刊》，2019 年第 6 期；收入拙著《人类世的哲学》第一编。在这个关于马克思技术哲学的报告的讨论环节，我也表达了这样一种惊奇和感叹：主要受到苏联式的教条马克思主义教学的影响，我们如此之多的从业人员，居然能把这么好的哲学搞得让人讨厌，这要花多大的力气啊！

解为自在之物，物是自在的东西；近代则把物理解为自我的对象，是为我的，物只有进入主体表象性思维的领域才是有意义的，物＝被表象性＝对象性，这是在康德那儿完成的一个转变；到现代，尤其在现象学和实存哲学中，物被理解为关联之物，物的意义取决于它如何与我们相关联，而世界被理解为一个关联整体。简单说来就是这样。这当中已经发生了巨大的变化。我认为从思维特性来说，中西文化最根本的差别在于，西方文化是一种超越性思维，而中国文化是一种关联性思维。但特别是从现象学开始，西方文化也开启了关联性思维——当然就主流而言，西方思维在今天依然有超越性思维的惯性。我有一个比较粗糙的理解，我认为时下火热的中美贸易战在一定程度上也是两种思维模式的冲突。超越性思维讲规则、讲形式、讲法制，关联性思维则重在讲联通和关系，而相对轻视规则和法规，两者之间就有了沟通方面的困难。规则的基础是超越性思维，在超越性思维中，形式规则跟个体和个别现象无关，也跟个体经验无关；而在关联性思维和文化传统中，我们形成了一个弱规则世界，我们总是习惯于通过关系搞定事情，明明一个事情不需要通关系，本来通过正常的规则和正常的渠道可以办好的事，我们也要通关系、托人情、打电话——老赵啊，这个事情没你帮忙我肯定搞不定的，等等。就此而言，在这样一个关系社会里，要消除腐败是相当困难的，因为我们已经习惯于关联性思维。我这里不做简单的价值判断，实际上两种思维方式各有所长，真的是这样，关联性思维有它的优长，比如整体贯通，也有它的弱点，比如不太讲规矩；超越性思维有自己的好处，也有它的问题，它太形式化，太刻板，太规范，弄得一点人情味都没有。在未来世界文明中，重要的是两种思维方式的族群和人民之间需要相互学习，其实我们也看到，两方现在已经开始相互学习了，当然经常也会有冲突。

第三点，要重新理解生活（实存）的意义。因为现代技术工业不断强化了本质主义的制度性强权，如何保卫个体自由成为实存哲学的根本关切。为什么19世纪后期以来会产生强调个体自由的实存哲学呢？是因为现代技术工业不断地强化这种制度性的普遍主义，于是我们要反抗，我们要追求个体的自由、个体的选择、个体的权利。这是实存哲学（存在主义）的动因所在。实存哲学的基本诉求成了二战以后兴起的当代艺术的基本主张。为什么会产生当代艺术？为什么当代艺术的开创者约瑟夫·博伊斯要主张"人人都是艺术家"？背景就在于此。我刚才已经讲了，这个生活世界变了，我们需要重新理解生活的意义，要把生活理解为创造和艺术。生活本身＝创造＝艺术，这是博伊斯的口号。在创造中完成抵抗，在抵抗中维护个体性，保卫个体自由——这就是以实存哲学为基础的当代艺术与哲学的使命。以我的说法，只有通过创造，世界方可忍受，未来方可期待。在一个后宗教时代里，我们已经没有办法通过信仰来安顿自己的生活了，那我们怎么办？我们每个人都得好好想一想。现在看来只有一条通道了，只有通过劳动和创造。所以当代艺术的产生是必然的，当代艺术把艺术普遍化，把每个个体都理解为创造性的个体，把每一种生活、每一种行为都理解为创造性的，这变得无比重要。

最后，还有第四点，要发动一种新的时

空经验。前面在讨论"向死而生"时我们已经触及了这个问题，但这个问题十分复杂，不容易深入讨论，我们这里只能做一次简述。[1] 简单说，时间和空间是生活世界的基本尺度。我们现在接受的时间观和空间观是牛顿物理学的，空间是三维（XYZ），时间是一维（T），这就是物理学给自然人类的时间和空间观念，是自然人类生活世界的尺度。但从 19 世纪中期以来，这种时间观念已经受到质疑。时间是什么？时间是我走到那儿需要几分钟吗？空间是什么？空间只是长宽高的几何维度吗？真的是这样的吗？或者，真的只有这样的时间观念和空间观念吗？这些都是成问题的。无论如何，生活世界经验的重

---

1. 较详细的讨论参看孙周兴：《圆性时间与实性空间》；收入拙著《人类世的哲学》第三编。

建需要一种新的时间空间观念，尼采和海德格尔等思想家已经在这方面有所预思。

以前我们都认为时间是线性的，今天我们还多半持有这样一种线性时间观，但这种时间观念正在改变，或者说还可能有另外的时间观。区别于传统的线性时间观，从尼采和海德格尔出发，我提出"圆性时间"概念，用以区别从前的"线性时间"；但关于这个提法，我还没有完全的把握，还需要进一步思考。我的基本想法是，尼采在"相同者的永恒轮回"学说中传达出来的"瞬间"时间理解，以及前期海德格尔的以"将来"为指向的实存时间理解，都已经启示着一种非线性的"圆性时间"观念。时间不是直线的、均质的和不可逆的，这样一种洞见在科学上要到 20 世纪初，在爱因斯坦的相对论中才出现，而尼采等实存哲学家更早地开始了这种思考，不得不让人敬佩。

刚刚说了，欧洲传统的时间观是线性时间观，它是自然人类精神表达方式的基础。线性时间观把时间看作一条"现在之河"，我们此刻是现在，过去是已经消失的现在，将来是还没有到来的现在，反正都是现在。这其实是农民式的想法，是自然生活世界的时间观念，也是近代物理学的时间观。它本身没问题。我移动到这个报告厅门口需要几秒钟，这是可以计算出来的。在线性时间观的支配下，每个人都是时间之河的旁观者、等死者。我们说以前的哲学和宗教是以线性时间观为基础的，其实更应该说，为了摆脱线性时间的流失，各民族才创造了宗教和哲学。我们前面说了，尼采说"上帝死了"，意思是以线性时间观为基础的自然人类精神表达体系崩溃了，哲学和宗教衰落了。

尼采的"相同者的永恒轮回"学说旨在反对线性时间观，开启一种以瞬间时机为核心的循环时间观——我称之为"圆性时间"。尼采在《查拉图斯特拉如是说》里写道：所有的直线都是骗人的，所有的真理都是弯曲的，时间本身是一个圆圈。[1] 请各位记住这三句话，这三句话太强大了，其中含着十分伟大的想法，也可以说包含着现代哲学的基本原理。当然，尼采这里只是给出了一种"弱论证"：如果世上没有直线，那么何来直线时间？时间必定是一个圆圈。在这个时间圆圈中，重要的是什么？不是无休止的流逝，而是在瞬间／当下（Augenblick）发生的碰撞，即过去与将来在瞬间的碰撞，"相

---

1. 参看尼采:《查拉图斯特拉如是说》，孙周兴译，商务印书馆，2023年，第248页。

同者"（das Gleiche）——不是"同一者"（das Identische），而是"似曾相识者"——在此碰撞中"重演"或"返回"，此即"永恒轮回"。

这事儿还有另一种可能的理解方向。尼采所谓"瞬间"意义上的永恒轮回，即"瞬间—时间"，实际上指向创造性的"时机"，即古希腊文中的 Kairos。时机很重要啊，比如说今天的第六届精神分析大会，相信某些人已经为此努力了五六个月，当时我接到邀请，但一直定不下来，时间和讲题都定不下来，反正够呛，但终于有了一个时机／契机，事儿就成了。Kairos 就是创造性的时间。我写文章时经常会很痛苦，怎么也想不出来，写不下去了，然后散了一会儿步或者喝了一顿酒，想法忽然就出来了。但这种时间是无法通过物理学的所谓"运动的计量"来计算的，它不是物的时间，而是事的时间。现在的问题是，我们所有的时间观念都变成物理时间，物的时间观念，这就不对了。所以，尼采实际上开始讨论 Kairos（时机、契机）意义上的创造性时间，每一个瞬间都是一个创造性的时机和契机。

海德格尔进一步发展了尼采的"圆性时间"观，但他跟尼采有一个重要的区别。我们已经看到，尼采以"瞬间"或"当下"为重点，而海德格尔说时间的根本维度是"将来"，未来的可能性是人生此在的根本的实存性维度，我们的实存是由"将来"这个维度来发动的，我们是向未来开放的。要不然我们的生活就发动不起来。各位心理分析师都知道，如果一个人不能向未来开放了，那应该就是患自闭症了。海德格尔思考的是这样一个以"将来"为指向的此在时间性循环结构，基本逻辑还是跟尼采一致的。后来海德格尔更进一步，开始思考时间和空间一体的"时—空"（Zeit-Raum）观，提出了一个叫作"瞬间时机之所"（Augenblicksstätte，site of the mement）的说法，这个提法本身暗示我们，他的思考仍旧与尼采的"瞬间"相关。海德格尔说，时间和空间本身是从时—空而来的，也就是说，在时间和空间这两个概念之前，有一个没有分化的时—空。时—空是更原始的，时间与空间是本源合一的，两者的相互分裂则是后来的事情。[1]海德格尔是在说什么呢？我们在此无法深入，但有一点可以了解：他是想在物理—技术的时空经验之外，寻求可能的非科学的时空

---

1. 详见孙周兴：《创造性时机与当代艺术的思想基础》，载孙周兴：《以创造抵御平庸——艺术现象学演讲录》（增订本），商务印书馆，2019年，第152页以下。

经验。

在人类生活世界的基本经验中，决定性的是时间经验和空间经验。就我们上面讨论的情况来说，关键在于发现一种原初真实的时—空经验。如前所述，传统欧洲的超越性思维由两个部分组成，一是哲学—科学的形式性思维，二是宗教的神性思维，这两种成分在中国传统文化中没有发展起来，它们现在已经抽空了人类生活世界以及生活世界经验；今天借助于技术工业，这种抽空的力量变得越来越强大，我们只还拥有一个抽象的疏离的世界了。我们的时间和空间经验被隔离，我们的感性感觉同样被抽象和孤立开来，这些都需要我们反思。人类被抽空了，精神病很多时候就是这样引起的。这里我们同样看到了技术的两面性：一方面，现代技术造成了对原初时—空经验的抽离和压制；而另一方面，技术工业又为圆性时间观和时—空经验提供了可能性，特别是通过影像及其他新媒体，我们获得了超越线性时间和抽象空间的可能性，时间的重复／重演以及空间的压缩成为可能的了。刚才我已经描述了一些，我们的时间经验的改变不是毫无来由的，是现代技术帮助我们实现了这种改变。虚拟实存和永生也许马上会成为人类新的存在方式，人的肉身消失了，但可以存活于网上，继续跟他人交流。[1]这听起来十分惊人。我想说的只是，对于我们暂时理解不了或者难以接受的东西，我们不能干脆否定和拒斥之，是不是？

---

1. 2019 年 9 月 23 日，我在修改本文的同时，在网上看到了有关"数字人"的报道。"数字人"是一种永生方式吗？

四、基于实存哲学的当代生活策略

我居然已经讲两个多小时了！真的不好意思，确实今天我想讲的东西是太多了。下面我就做一个总结吧，争取 15 分钟内结束。今天我们的报告涉及实存哲学和实存主义心理学。什么叫实存哲学（存在主义）？我愿意简单地做几重规定：

第一，实存哲学是一种个体化的哲学，它关注个体实存状态及其意义。第二，实存哲学是世界化的哲学（这个世界化并不是国际化），它关注个体实存处境以及生活世界的意义。第三，实存哲学是创造性的哲学，它关注人类的可能性存在。第四，实存哲学是抵抗性的哲学，它关注技术时代的个体自由，抵抗由技术发动起来的、被技术加强的普遍主义—本质主义的制度化宰治。一般而言，抵抗技术制度，保卫个体自由，是未来哲学和未来艺术的根本使命。实存哲学起于19世纪后期，其时，文明的断裂刚刚显露。实存哲学本身就是对这个断裂的反应，这个断裂是自然生活世界与技术生活世界的断裂，也是超越性思维与关联性思维的断裂。总之，实存哲学是一种"未来哲学"，或者说是"未来哲学"的前提，它以未来（可能性）为定向，以艺术创造和个体自由为目标。

还有最后一段话。我今天这个报告的主题是：如何重建生活世界经验？这是我们每个个体都不得不关心的问题。我们前面的讨论已经初步描述了实存哲学对于生活世界经验重建的可能意义及其基本方向。实存哲学／实存主义作为20世纪的哲学思潮已经渐渐消隐了，但它的思想成就对于技术时代的人类生活依然具有指引意义。作为总结，我最后还想提出几点想法，可以说是从我们前面讨论的实存哲学以及实存主义心理学中引申出来的当代生活策略——并不是企图给各位提供什么指导，而是对我自己的反省和要求。

首先，我们需要确认"人类世"的意义。"人类世"意味着什么？意味着技术人类生活世界和技术人类文明。确认这一点很重要，只有确认了这一点，我们才知道我们的处身境况和时代命运。否则的话，我们的判断经常会出一些问题，我们会拿传统的宗教、学说和理论来考量现在的生活，来面对今天的生活世界，于是经常会发生错位，出现问题，甚至会进入错乱状态。"人类世"也意味着技术统治压倒了政治统治，这一点将越来越显赫，我们前面已经做了描述。尤其是通过今天的新技术，人工智能和生物技术，技术将越来越成为世界和社会组织的支配性力量，我们不得不习惯于这样一种新政治运作和新治理状态，同时也要寻求应对之策和可能的抵抗方式。

其次，我们要积极重建世界信念和世界经验。我们前面已经指出，今天西方文化也进入一种关联性思维了，特别是通过现象学和实存哲学，西方哲学文化也开启了关联性思维的新维度。关联性思维的核心就是万物互联、人物关联，我们的周围世界是一个万物互联和人物关联的世界，这个世界是一个关联体，这一点很重要，我们前面已经从哲学史的角度给予了揭示。从传统的超越性思维到关联性思维，这本身就意味着世界经验的转换和重建。其中首要的是对周围世界稳定性的信念的确认，因为如果没有这种信念，我们的生活将是不安的和慌乱的。当务之急是应对急速变化的技术世界。这个技术世界的变化是加速度的，你一不小心就掉队了，弄不懂了，不知道如何应付了。假如你把手机关掉五天再打开，你对这个世界上发生的事情多半会一脸懵逼，不知道怎么办了。还有一个人类欲望问题。现代人太会"要"了，拼命"要"了200多年，在中国主要是最近100年，尤其是最近40年，我们欲望高涨，快速完成了工业化，最后我们发现我们已经力不从心，已经不会"要"了。人类在全球工业的刺激下变成了欲望的动物，欲望不断提升，能力却不断下降，人类已经陷入了这样一种极为尴尬的局面。用海德格尔的说法，现在的问题恐怕是怎么唤起一种"不要"（Nicht-wollen）的能力，因为我们现在已经不会"不要"了，不光是不会"要"了，而且——更重要的是——也不会"不要"了。如何唤起一种"不要"的能力，在今天变得尤为重要了。这其实也是我对自己提出的一项要求，太"要"了不行，能不能放松下来，放下来（let it be）。我们变得连这种"放下来"的能力都没了，这才是今天的问题和症结所在。我想这也是后期海德格尔倡导"泰然任之"（Gelassenheit）的动因。当我们说要重建世界信念和世界经验时，也包括了这样一些考虑。

再次，我们必须意识到，只有通过创造才能获得自由。在这个后宗教时代里，创造是解放自己的唯一道路，没有第二条道路了。只有通过创造，我们才能获得自由，才能实现自己。我们必须把生活理解为艺术。而且，我们理解的创造是广义的，每个人都是创造性的个体，个体每时每刻都在创造自己的生活。我在最近一篇文章里说：什么叫艺术？当代艺术为什么越来越重要？因为艺术就是通过造型的手段把奇异的观念创造出来。当代艺术根本上都是观念艺术。观念艺术是什么？我们完全可以将其理解为一种"观念比赛"，关键看谁想得更奇异，以及谁更有能力通过造型的方式把奇异的观念表现出来。但是各位，要想得奇异容易吗？现在我们的想法都趋于一样，那是尼采说的"末人"，是最后的自然人类。要有奇异的观念当然是越来越难了。为什么要奇异呢？我所谓的"奇异性"也意味着趣味性。如果这个生活世界没有了不一样的东西、奇异的东西，也就没有了趣味，也就了无生机，我们的生活就会是无趣味的，平庸而无聊的。各位好好想一想是不是这样？

最后，我愿意重复和强调的是，我们需要一种新的时空经验。在这种新经验中，时间不是直线的时间，空间不是空虚的空间，可以叫"不直的时间"和"不空的空间"。这是我最近才形成的想法和说法。原本的时间不是直的，原本的空间不是空的。直线的时间是多么冷酷，多么让人绝望，而空虚的空间是多么孤寂，多么让人无聊。然而，我们久已习惯于物理—技术的时间和空间观了，我们早就放弃了世界的丰富性和世界经验尺度的多样性，这是我们今天特别需要考虑的问题。千万不要以为世界只有一个维度。我们的世界经验只有一个尺度，比如说只有科技的尺度，只有物理学的尺度，这显然是不对的。除此之外，还有艺术的维度和尺度，还有思想的维度和尺度。这方面的问题殊为复杂，我还只有一些一时的、不成熟的想法，还没有充分想清楚。如何重建生活世界经验？这个命题是我最近和今后一段时间里要重点思考的，希望不久后会有所推进。好了，今天就讲到这里，谢谢大家！

五、关于哲学心理学的若干问题（现场讨论）

赵旭东：大家觉得孙周兴教授的报告怎么样？我刚才说了，你讨论"时空"，你自己都把时间忘了，那说明孙教授比较 high，很好玩很有趣。那么，现在我们进入最后的提问环节，我们再讨论 15 分钟好吧？可以提两到三个问题。首先请我们的东道主张海音教授提问。

张海音：我今天饶有兴趣地听了孙教授的报告，幸福地听了两个半小时。有一个特别想问的问题：作为哲学家，您在思考论证一些很想突破的艰难问题时，想不通，感到苦恼，会不会像我们做心理治疗的一样去找找督导师？就是两个人在当下时一空中进行没有中介的直接对话，有没有这样一种形式？

孙周兴：我不知道怎么回答您这个问题，这个问题有一点古怪，您大概是问我有没有同行交流？或者是不是像心理治疗师一样需要同行帮助，接受心理治疗？无论如何，我想说的是，哲学家可能是人群当中最孤独的人，这是毫无疑问的。但是所幸，哲学家当中患精神病的很少。有人说尼采不是疯了吗？不对，尼采发疯是因为得了脑梅毒——这是弗洛伊德大师说的。好的哲学家肯定是要把自己的精神搞定，然后才能去帮助别人搞定自己的精神，如果哲学家连自己的精神也搞不定，那么如何可能在精神上帮助别人？还有一点很重要：历史上伟大的哲学家没有一个是自杀的，但文学家、艺术家却经常跳楼寻死。这就很能说明问题。哲学让人不自杀，因为哲学让人通过论证主动地、积极地掌控自己的生活和行动，更通过"练习死亡"——"向死而生"——而参透了人生终极问题。

提问者：老师好，我是学荣格心理学的，荣格跟尼采也有很深的渊源。荣格最出名的一本书叫《寻求灵魂的现代人》，讲的是心理治疗就是要帮助人们寻找到他们的灵魂。心理咨询进入中国后，现在似乎到了一个变革时期，本土化的诉求越来越多，越来越多的人开始关注中国文化与心理咨询的关系，试图把心理咨询本土化。我们说中国特色的社会主义，是不是也应该有本土化的心理咨询？我的问题是：我们中国人的灵魂与外国人的灵魂，或者说中国人的精神世界与外国人的精神世界，整体而言有没有本质的差别？如果有，主要在哪些方面？

孙周兴：你这个问题虽然比较农民，但也确实是一个问题。本来我们的灵魂跟欧洲人的精神世界是完全不搭界的，跟其他外国人也是不一样的。但是差不多最近两个世纪以来，这种情况已经变了，相互搭界就比较多了，而且我们正在被同一化或者同质化。这个同一化或者同质化过程是受现代技术工业的影响，由现代技术工业引发的。我们在座的所有人都逃不脱这个进程。实际上我们的精神世界已经潜移默化，被西化得差不多了。有个数据说，我们今天中国人的用词，超90%是译词，就是翻译过来的词语。我们的经验，包括时空经验、距离感、图像经验、美感，等等，都被拉平了。举个例子说，现在的中国男人脑子里的美女形象，基本上都是欧式的轮廓分明的美女形象，你自己想一想就明白了。这是没办法的事，这就叫全球化。在这个意义上，我们中国人的灵魂与欧洲人的灵魂已经相差无几，而且将越来越趋同。到最后，我们将拥有一个技术人类的共同灵魂。

赵旭东：孙教授的意思大概是，自然生活时代人类的精神世界可能是多样化的，比现在技术生活时代的更丰富。我们请下一位提问。好，就这位先生。

提问者：十分感谢孙教授今晚有趣又有用的分享，真的可以说是一个"毁三观"的报告。最重要的是，"毁三观"又努力建立"新三观"，这个特别重要，所以我非常喜欢今天晚上的分享。我的一个问题是，孙教授在报告中提到"人类世"，以您的观察和研究，您觉得人类世会持续多久，或者说人类世是我们人类的最后一个世代吗？谢谢！

孙周兴：这位朋友提的问题很好，也是我正在思考的问题。"人类世"眼下主要还只是一个地质学的概念，哲学领域主要有几位德国和法国哲学家，他们开始讨论人类世问题。我前面讲了，人类世意味着人类的活动可以影响到地球的存在及其运动了。以前在自然状态下，我们人生下来又死掉了，跟猪没有什么分别，对地球没有实质性的影响，但现在不一样了。为什么1945年很重要？因为在这一年里，人类终于发现技术不是人类所能设想的，更不是人类所能控制的了。广岛原子弹爆炸时，在短时间内，近20万人变成骷髅，这样的场景是自然人类以前无法想象的。以前我打你一枪，没打死，枪被你夺了去，最后你一枪把我打死了，这是自然人的搏击方式。现在原子弹爆炸，地面温度达到6000摄氏度，大量生命立即消亡，已经完全超出我们自然人的自然想象力。这时候我们终于发现一个新的时代开始了，人类世开始了。

1945 年以后，现代技术加速进展，当然此前已经有了近 200 年的积累，就是西方技术工业的进展。以后的方向是什么？我认为总方向是技术性不断加强，自然性越来越小。我提出的问题是：人类作为一个自然物种，它的自然性不断下降，不断下降，最后的限度是什么？这是一个问题。人类今天面临着两个意义上的技术化。一个是精神意义上的技术化，我们的精神世界已经不断被算法、互联网、大数据所控制；还有一个是身体意义上的技术化，通过基因工程，通过化工产品造成的环境激素，我们的身体不断被技术改造。据说我们学校的新校长认为，同济大学只要把基因工程与人工智能两大块搞好就行了，其他学科均可与这两块接通。我觉得他脑子很清楚。我在一个场合里说过，今天大学面临的最大问题恐怕是，我们把学生招进大学的某些专业，等到他们毕业的时候发现这些个行业没了。我当然不是开玩笑的，我们正面临这样的困境。如果墨守成规，不思变革，我们就只好出局。人工智能和基因工程为什么重要？就是因为它们在今天是人类精神和身体被技术化的两种基本方式。

你刚才问人类世会持续多久，这个不好预言，一定要我说，我会大胆说还有七八十年或者一个世纪，到本世纪末差不多了，人类可能会进入马克思所说的共产主义社会。在这个共产主义社会里，人的自然性与技术性可能会达到某种平衡，但这种平衡将是马克思说的最后的斗争。我这样说当然是不负责任的，我就随便一说，你们可听可不听。我的大概想法是，欧洲技术工业从18世纪下半叶开始，到 1945 年大概是 180 年，1945 年是一个重要的转折点，之后差不多也还有 180 年，现在已经 80 年过去了。霍金说人类还有 100 年，我不知道他怎么算出来的。我们当然也不能把他的预判太当真，但想来也差不多是这个数字，还有一个世纪吧。这事儿我们再商量吧。

赵旭东：最后一位提问。我们给这位女士，要公平一点。

提问者：谢谢主持人给我提问的机会。我觉得今天孙教授讲得很扎实。我们大家都在学习，我也喜欢哲学，我很崇拜马克思，相信人类必将走向共产主义，这是肯定的。大家的身心可能正在经历一系列的革命，工业革命、技术革命已经把我们卷进去了。我们正在构筑人类生命共同体，人与人之间相互连接，相互协调，相互发展。我们在这里就是在做一个连接，所以希望大家互相连接，互相学习，共同前进，愿共产主义早日到来。

孙周兴：我忽然觉得，我今天晚上的报告相当失败（众笑）。

提问者：我这个人喜欢喊口号嘛，但喊完口号还是要提个问题的。我的问题是，您前面说到人工智能，一般认为从弱人工智能到强人工智能再到超人工智能，机器人终将超越人类，但是在老师刚才的讲座中，您说人类的感受和想象这一块始终是机器替代不了的。后来又说再过七八十年或者一个世纪会怎样怎样。所以我好像有点糊里糊涂的，人类未来到底是怎样一个蓝图？

孙周兴：不要紧张啊。我们对未来的思考和预测是极其艰难的事。为什么像尼采、马克思这样的哲学家是大师，因为他们在100年、150年前就在思考我们今天面临的问题了，而且对我们今天的状况有所预示和描述。这就是天才。我哪里到得了这样的境界？我只能说你也不必紧张。人类确实面临许多不可测的因素，今天人类面临的风险，不仅是人工智能、基因工程，还有核武器，还有环境激素，其中每一项都足以对我们这个自然物种构成致命的威胁，而且许多要素的变化都是不可预测的。所以我们处于一个风险时代，我们已经离开了自然风险社会，进入技术风险社会中了。技术风险社会跟以前不一样了，差不多可以说，在技术风险社会里，人被弄死了却不知道怎么被弄死的。今天我们老是喜欢说"未来已来"，大家都很忧虑，很着急，"未来已来"这个说法本身就表达了一种紧急的状态。前面我讲的如何应对这个技术生活世界，如何重建生活世界经验，只是我的初步想法，不免有些杂乱。我觉得根本上我们还需要放松，整个技术时代，这个被技术占领的世界，之所以变得越来越快速，越来越无法控制，主要原因还在于人类意欲太强，要得太多了。人类已经失去对技术世界的控制，这一点好像无法改变，但我们可以努力把这种加速进展给慢下来。

提问者：我突然感觉，老师的意思是我们可以依靠心理学或者哲学心理学来把它慢下来。

孙周兴：心理学当然重要，肯定也将在降压过程中发挥它的作用。为什么我几年前要在同济大学办这个哲学心理学专业，给赵旭东教授建一个系？不瞒各位说，我们学校的一些人物是十分反对的，他们理解不了我的用心。三年前我辞去院长职务，辞职之前我新建了两个学科，一个是艺术（艺术学理论），一个是心理（心理学），我认为这是未来十分重要的两个学科，一个像样的大学必须建设好这两个学科。我今天的报告实际上也是在为此做证明，各位如果听懂了，大概就能理解我的意思了。

赵旭东：我们有忧虑，可能这个忧虑就不会变成噩梦了。我们还要继续努力。因为我开头也讲多了，孙教授也讲多了，大家讨论得也很热烈。大家还希望下一次再听吗？孙教授今天还没有详细展开，更没有做出结论。我们需要开一个哲学心理学大会，把孙教授刚才提到的理解的心理学、意义的心理学、实存的心理学好好清理一下，也把害了空心病的科学心理学矫正一下，现在科学心理学在我们临床层面上常常帮不上大忙。所以今天晚上这个讲座很应景，你们来开精神分析大会，我们首先请孙周兴教授讲实存哲学，讲实存主义心理学，这跟精神分析的取向和精神分析的态度是很契合的。所以我相信，今天这个讲座已经为明天的精神分析大会做了一个很好的预热。感谢孙教授为这个大会定了一个基调。

孙周兴：谢谢大家，今天让大家受累了，论题艰难，我的普通话又不够好，又拖延了一个多小时，抱歉！抱歉！

赵旭东：不要紧，我们以后做高科技时代愉快的猪就好了。这个听懂了？好，再次感谢孙教授的精彩报告。我们明天见！

附录

人类世，我们需要一种新的生命哲学[1]

"人类世"是一个地质学概念，指

---

1. 本文初稿系作者应《探索与争鸣》杂志社之约而作，原标题为《我们需要一种新的生命哲学》，发表于该刊2018年第12期。之后做了较大幅度的扩充，于2019年11月1日在西北大学哲学学院演讲。进一步扩充稿于2019年11月19日下午在华东师范大学思勉人文高等研究院报告。最后定稿（修订扩充稿）以《新生命哲学与生活世界经验》为题提交给同济大学技术与未来研究院举办的"第二届未来哲学论坛·生命科学与生命哲学"（2019年11月23—24日），并收入拙著《人类世的哲学》，为该书第四编第三章，商务印书馆2020年版。眼下的稿本根据在西北大学哲学学院的报告录音整理而成，内容上与《新生命哲学与（转下页）

称地质年代上全新世之后的一个新世代，即人类的活动影响地球地形和运动的时代。人类世的标志性事件是 1945 年原子弹爆炸。人类世其实是自然人类文明向技术人类文明的转变。以生物技术和人工智能为代表的现代技术正在加速对人类精神和身体的技术化。一个技术主导的文明样式和人类生命形态已经到来。面对技术统治下自然人类文明（传统文化及价值体系）的崩溃以及技术的脱缰狂奔之势，我们需要一种新的生命哲学，用以规划新人类生命和技术人类生活世界。本文主要讨论三个问题：1.人类世与文明断裂，或者地球的人类化与自然

（接上页）生活世界经验》不免重复，差不多是后者的"异文"；为保持论坛报告文本的完整性，仍予以刊出。此次修订做了较大幅度的删改调整。

人类的非人类化；2.自然人类的颓败与自然人性的沦丧；3.一种新生命哲学构想，其核心任务是对未来生命的规划与技术生活世界的重建。

很高兴第一次来西北大学。我昨天就来西安了，已经在别的学校做完两个报告了，昨天晚上在西安美术学院做了一个，今天上午在西安电子科技大学做了一个。这是今天的第二个报告了。我又不好意思讲同一个报告，所以变着法儿讲一个新的，但大致意思又差不多，都是我最近的一点思考。今天跟大家来做一个关于技术时代的新生命哲学的报告。刚才主持人也介绍了，我的本专业是德国哲学，但最近一些年有一些变化和转移，主要在做艺术哲学和技术哲学。以前我做了非常多的翻译，主要是海德格尔和尼采著作的汉译，但形势有变，翻译（包括学术翻译）以后是机器人的事了，用不着我们人力了，所以我得转向，以后不会再把主要精力放在翻译上了。

今天我跟大家讨论的话题可以概括为：我们应该如何来筹划未来的生命？大尺度地规划未来，这大概是自然人类的基本能力，而且这筹划和规划的工作多半是哲学的事情，哲学理当承担生命筹划的使命。但未来尚未来，有着种种不确定性，我们如何言说未来？因此，今天的话题是我没有想明白的，只是跟大家做一个交流和讨论。昨天晚上和今天上午的报告，我已经想得比较明白了，但现在这个主题还没有。我的大概想法是，我们需要一种新的生命哲学。当今技术的热点移到了人工智能和生物技术领域，是这几年来大家关注得最多的。随着这两种技术的加速推进,人们产生了莫名的兴奋,同时也引发了忧虑和恐惧。这是为何呢?因为现代技术的最新进展,特别是人工智能和生物技术,已经是"人的科学",已经触及自然人类和自然人性的根本了。比如说2018年12月份的深圳基因编辑事件,引起了全球性的恐慌,原因何在?按说如果把两个小孩的病治好,善莫大焉,有何可怕的?为什么怕?为何连技术专家都恐慌了?最近,就在上个月,日本媒体突然报道说,日本政府已经批准了一个项目,把人类的基因与动物的基因进行杂交编辑,也是一番惊吓;但过了两天三天的,日本政府赶紧出来辟谣,说我们没有批准这个项目。如果人的基因与动物的基因都可以杂交了,那后果就更不知道了。我们对基因编辑的恐慌,根本原因是我们不知后果如何,后果是不确定的。人类的恐慌起于不确定和未知。所以今天我们就面临着这么一个严峻的问题：是放任技术彻底改变人类，还是要奋起抵抗技术，维护人性和人性尊严？

说到人类和人性，也是问题多多。什么是人性？有恒定不变的人性和人性要素吗？技术工业改变人类，我们将变成"非人"了？尼采说"超人"，我们正在变成"超人"吗？人类未来何去何从？这些在今天都成了迫切的问题。所以我认为，在所谓的"人类世"，我们必须启动一种新的生命政治或者生命哲学，以回应现代技术带来的挑战和风险，预测技术统治下的人类自然生命的未来演变方向，规划未来文明和未来生命的可能形态，并重建技术统治下人类新生活世界的基本经验。这是我今天要跟大家讨论的。分而言之，我今天的报告主要讨论如下三个问题：1. 人类世与文明断裂，或者地球的人类化与自然人类的非人类化；2. 自然人类的颓败与自然人性的沦丧；3. 一种新生命哲学构想，其核心任务是对未来生命的规划与技术生活世界的重建。

一、人类世与文明断裂

"人类世"（Anthropocene）是地质学家首先提出来的一个新概念。国内有人把Anthropocene译成"人类纪"，那是缺乏地质学基础知识。恰好我大学里学的是地质学，多少还知道一些情况。"纪"是一个更大的地质时代，"纪"下面才是"世"，比如我们今天在第四纪的全新世。全新世大概始于11000多年前。但有地质学家主张，以1945年为标志，全新世结束，地球进入人类世了。

最近一些年来，欧洲一些哲学家也开始讨论人类世了，比如法国哲学家斯蒂格勒就使用了"人类世"概念。但它首先是一个地质学概念，指的是地质年代上的一个新世代，即人类的活动影响地球地形和运动的时代。以前我们跟猪一样，一头猪生下来，然后死掉了，被我们吃掉了，它对这个地球是毫无影响的，或者说就是一点点小小的影响。但是技术人类对地球的影响就不一样了，我下面会证明这一点。

一个标志性事件是1945年的原子弹爆炸。原子弹爆炸的时候，十几秒钟之内，地面温度达到6000摄氏度！我们的身体温度如果超过37—38摄氏度就叫作发高烧了，对不对？6000摄氏度是什么概念？自然人类无法理解。十几万人瞬间没了。自然人类的想象力和理解力根本达不到这一点。以前自然人类也相互杀戮和相互伤害，但从来没有过这样绝对的屠杀。海德格尔有一个弟子叫安德斯（Anders）——这个名字的意思就是"另类"——曾是女哲学家阿伦特的老公。安德斯在原子弹爆炸后说：原子弹来了，哲学还有鬼用？他就放弃了哲学事业，变成一个"另类"，专门从事反核运动了。安德斯在一定意义上是对的，与技术的绝对统治相比，自然人类的传统人文学术变得很搞笑；但他在另一种意义上又是不对的，正是在技术统治的时代里，艺术人文学的"抵抗"变得尤为重要了，要不然我们就只是等死么？

地质学家确切地把1945年界定为人类世的开始。刚才我讲了，人类世意味着我们人类的活动会影响到地球的运动。进一步，我的理解是，人类世其实是自然人类文明向技术人类文明的转变。今天以生物技术和人工智能为代表的现代技术正在加速对人类精神和人类身体的双重技术化，一个由技术主导的文明样式和人类生命形态正在到来。这事儿被我们赶上了，究竟是好事还是坏事？尚未可知。以前我们可能30多岁死掉了，1900年人类的平均寿命不到40岁，反正马上就死掉了，做一份工作就OK了。但是如果你能活到150岁，你还只做一个工作吗？我相信在座各位同学能活到120—150岁。如果你活到150岁，回想一下130年前听了一场报告，是不是还回想得起来？你设想一下，你现在20岁，接下来还有130年，这日子可怎么过啊？以前我们只按七八十岁来规划人生，娶一妻生两子，现在不得了了，夫妻俩一起过120年，是不是有点残忍？我们的职业理想也要改变了。我们的理想不能以做一份工作为目的。所以许多事情都要重新考虑，而且不能不考虑了。所有这些都正在到来，这个时候该怎么办？

"人类世"概念是美国地质学家简·扎拉斯维奇（Jan Zarasiewicz）首先提出来的。他认为人类世的最佳边界是在1945年。这是有证据的。我的本科是学地质学的。地质学讲究证据，所有证据都来自地层，就是地层中沉积下来的东西。地球每天都在地层上留下印记，虽然有些细微的变化是我们观测不到的。具体有哪些印记和证据呢？我说主要的几项。第一是放射性元素，先是原子弹，后来是核电站，地层里的放射性元素含量突然升高了。第二是化石能源燃料排放出大量二氧化碳，同样在地层上留下了痕迹。第三，最显著的是混凝土、塑料、铝等材料的大量生产，十分恐怖。拿混凝土来说，据计算已经可以在地球表面每平方米放置一吨了。最近几十年中国人民贡献不少，造了太多的房子，真的是令人惊奇，也让人有点悲哀，据说中国的空置房已经达到一亿套了，还在不断地造。房子越来越多，可人却不够用了。我在西安听到一个消息，说只要我来旅游一下，就可以变成西安人了。如今大家都在抢人，杭州正在庆祝人口超过一千万，西安则是以虚假的方式，统计数据好看，马上也可以庆祝人口超过一千万了。这太可怕了。还有塑料，它带来的问题最大，我们男人就是伤于塑料制品的，因为它排放出来的环境激素已经使地球上的雄性动物的生育能力降低了百分之五六十，就此而言，男性统治时代结束了，人类恐怕会重归母系社会。环境激素的影响是隐性的，我们更多地会关注空气污染，而比较少注意到隐性的环境激素引起的后果。水和土的全面污染意味着人类的体液环境已经整体恶化了。所以现在莫名其妙的怪病越来越多，反正我们把弄不清楚的病都叫作癌症，其实是不一定的。前段时间网上讨论上海垃圾分类，弄得十分严苛，我当然是支持的，但我同时也有些悲观：或许已经迟了。为什么？因为塑料在地层里面的降解周期是70年，也就是说，一个塑料袋放在泥土里，要70年才分解完，其间不断排放环境激素来伤害人类，伤害地球上的动物，而且好像特别是针对雄性动物。仿佛也是命定，技术主要是由男人创造出来的，现在先把男人灭掉，也公平的。第四是地球表面改造。技术工业之前，人类哪儿有这种改造地球表面的能力？现在有了。长江三峡上造了个大水库，现在好像有点骑虎难下了。甚至有人提出一个吓人的建议，要把喜马拉雅山的水引到新疆去，你看看这等奇思妙想！第五，大量使用化肥使氮含量激增，这个不用讨论了。倒是可以说说抗生素。据检测，上海的抗生素已经超标了六倍，我们不用打针了，水里面全有了，喝水就行。但奇怪的是，上海人的平均寿命又是全国最高的，这真的怪异。第六，地球气温上升，形成温室效应。地球在过去一百年当中，平均气温上升了0.9 ℃。你说这个好像不多嘛！你这个想法不对，因为再上升的话是会产生多米诺效应的。现在全球气温已经十分紊乱，欧洲经常出现异常高温现象，北极冬天的气温会升到20 ℃，连北极熊都待不下去了；而美国春季的时候竟然是零下50 ℃。这个情况已经相当变态了。其实我们还没有考虑其他因素。全球气温上升导致海平面上升，因为海洋水体温度升高以后膨胀了。如果极地冰层融化，海平面则会大幅度上升。中国沿海城市中，天津的平均海拔最低，不到 1 米，上海也不到 2 米。第七，地球历史上第六次大规模物种灭绝。大家都说恐龙突然灭绝了，但恐龙恐怕并不是突然灭绝掉的；倒是这一次地球物种灭绝的速度超过了前面所有时代。上面讲的所有现象都表明：人类已经成为影响地球地形和地球演化的地质力量。以前还不是这样的。人类成为一种"牛逼"的物种，也就是在最近两百年，正是通过技术工业，人类才成为"牛人"了。

对人类文明来说，"人类世"意味着什么呢？我大致可以说几点。首先，地球的人类化与自然人类的非人类化。我们已经慢慢变得不是"人"了——这可不是骂人的话！其次，文明的断裂。自然人类文明断裂为技术人类文明，现在我们越来越清晰地意识到了这一点。1945 年核弹爆炸标志着这个断裂的完成。但断裂不是一分为二，而是像一根拗断的竹子那样裂而未断。第三，技术统治压倒了政治统治。"技术统治"是我重新赋义的概念，指文明进入一个技术资本占据支配地位的新样式中了。传统人类的统治方式或治理方式是政治性的。什么叫政治统治呢？简言之，就是商讨的方式。民主制度就是一种讨论的制度，是商讨程度最高的治理方式。不过哪怕是封建制度，其实也有商讨，只是程度不高。以前的皇帝也是很辛苦的，晚间的劳累不说，六点多就要起来上朝了，对不对？一上朝就问哪里出事了，谁去？你说家里有事去不了，凶狠变态的皇帝可能会把你拉出去弄死。但一般不会，只好叫别人去，可见也是有商讨的。有事商量着做，谁当老大，也商讨一下，这就叫政治统治。但在技术工业时代里，这种情况发生了变化。虽然表面上还是政治统治，但实际上已经是技术统治，或者说是受技术统治影响的政治统治了。这真的也是一个相互矛盾的状态。一方面，技术工业促进了个体自由和社会民主化—商讨化；另一方面，技术工业也可能加强和固化社会制度的同质化和集权化。文明总是这样纠缠不休的。关于技术统治与政治统治，我可以举一个例子来说明。美国特斯拉公司的老总马斯克是坚定地主张跟中国搞贸易战的，但贸易战打了没几个月，他第一个到了上海浦东，圈了一块地，建了一个厂，马上就要投产了。你说这一波神操作到底是技术还是政治？表面上是政治，其实背后是技术和资本。这是技术资本的力量。看起来是特朗普在搞来搞去，这位总统还特别喜欢发推，一发推股票市场就动荡了，忽上忽下的。其实特朗普这个人脑子蛮好使的，是有一套的，他本来就是资本家，技术资本的运作对他来说不是难题。这是我要强调说明的一点。

还有一点是自然人类精神体系的崩溃。自然人类精神体系的核心表达方式是哲学和宗教。哲学是给自然人类提供制度规则的，我们自然人类需要规则，制度是通过规则来建立的。所有的社会制度、政治经济制度、教育制度后面都有一套哲学的理念。柏拉图的理想国、现代民主制度、威廉姆·洪堡的教育理念和教育体系，背后都有哲学的设计，一个普遍主义或本质主义的设计。宗教又是干什么用的呢？宗教是给我们的心性道德提供基础的。自然人类需要这个，否则我们的群体生活也组织不起来。哲学和宗教是自然人类精神体系里最核心的东西。如果还有第三个东西，那就是广义的艺术。哲学、宗教、艺术，这是自然人类精神表达体系的核心内容。但当尼采说"上帝死了"时，他在讲什么？他的意思是，自然人类的精神表达体系崩溃了，传统哲学、传统宗教、传统艺术崩溃了。这是人类世的意义。

那么如何理解人类世的文明进程？我的一个说法是，文明断裂不是突变，而是一个山形的 turn，一个转折。从 18 世纪 60 年代工业革命开始到转折点 1945 年（人类世的确立点），大概花了 185 年时间。第一次工业革命开始不到百年，马克思就开始反思技术工业，批判资本主义的生产方式和生活方式了。马克思的意义就在于，他是第一个对这个技术工业进行反思的。19 世纪中期以后，技术工业的进展越来越快，那时候欧洲变得越来越强大，于是开始在全球进行殖民，就是把技术工业推向全球，包括中国，我们终于也被拉进去了。没有一个民族能够逃脱掉，没有一个国家摆脱得了技术工业的逻辑。到1945年，大概过了185年，原子弹爆炸，所谓技术统治的人类世得以确立。如果这样的转变具有一种对称性的话，那么右侧下落同样应该是185年，所以自然人类大概还有100年左右——这就是英国物理学家霍金的预测。霍金说，我们人类大概还有100年，终将死于机器人。这个人太厉害了，我不知道他的逻辑，他为什么可以这样说？他去年去世了，但他是有眼光的。

霍金的预言有没有道理，是不是就是我们上面讲的状况？这个我们暂且不管。我们要关心的是后面怎么办。自然人类的自然力不断下降，技术性不断增强，我们不得不关切未来文明。所以我在上海发起了一个"未来哲学论坛"。我们以前的哲学以及一般人文科学陶醉于过去历史，甚至通过虚构美好的过去来贬低现实，更无力于言说未来。这是传统哲学人文科学的拿手好戏，已经成了习惯。对现实无反应、对未来无探测的人文科学将越来越不被需要，越来越无力。没有人真正需要这样的人文科学，因为它的逻辑不对，因为它虚情假意。人文学者经常美化过去，贬低现实，恨不得回到先秦时代去生活，但若真叫他们回去，他们是未必愿意的，所以其实也是骗人的勾当。我认为，未来人类将越来越不需要这样一种不合时宜的人文科学。

黑格尔说哲学就是哲学史，狄尔泰说人文科学是历史学的人文科学。我当然不会否定人文科学的历史性，更不会否定自然人类精神的历史性。我们从事人文科学研究的学者为什么这么累？相对地，从事自然科学的研究者就要轻松许多，因为他们只需要关注二十年前，甚至十年以来的科研进展，此前都已经过去了，除非做科技史的，一般不需要关注历史。科技知识的更替速度越来越快，现在已经缩短到了几年，也就是说，几年前的研究成果就被淘汰了。所以想来也是辛苦，你刚备好一门课，没多久就无效了。相反地，人文科学的学者要从老子、孔子开始念，或者从柏拉图、亚里士多德开始念，念了个头冒青烟还没念完，已经芳龄 60 岁了。我们有两千多年的历史要对付，特别辛苦。今天如果你是研究物理学的，你说我主要在研究亚里士多德的《物理学》，我们只好说你犯傻了；但亚里士多德的《物理学》是哲学的必读书，不读不行。这就是我们累的地方。人文科学确实有这样的历史规定性，它要弄清楚自然人类、人性的本质，要追踪人类精神的来龙去脉。然而，世界变了，我们今天进入了一个人类文明史上最大的断裂期，人文科学一味回忆过去和美化过去的时代过去了，我们必须在考察历史的过程当中开启另外一道眼光，就是面向未来的眼光。如果不关照现实和未来，那么人文科学将没有意义，将越来越没有意义。

二、从自然人性到技术人性

我想来讲第二个问题，就是人性之变，自然人性的技术化问题。我们刚才讲的人类世就是自然人性不断沦丧、不断衰落的一个过程。美国学者福山的《我们的后人类未来：生物技术革命的后果》一开头就介绍了在20世纪中期影响巨大的两本科幻书：一是乔治·奥威尔的《1984》，二是奥尔德都·赫胥黎的《美丽新世界》。这两本书分别预见了两种技术：一是信息技术，二是生物技术，两者在当时都没有，都是在第二次世界大战之后才真正发展起来的。《1984》说的是：横跨大洋的帝国建立了一块"电屏"，它能实时收集各家各户的信息，发送给空中的"老大哥"，在"真理部"和"友爱部"的管理下，这块"电屏"被用于社会生活的集权化，政府通过网络监视着人们的日常生活。所有这些状况在今天都已经实现了。今天到处都是摄像头，据统计，中国的摄像头已经达到1.7亿个，每十个人可以分到1.2个。《美丽新世界》描绘了今天世界上正在发生的生物技术革命：子宫外孵化婴儿（试管授精）。这事儿现在在技术上已经完全不成问题了，前阵子在德国已经完成了一例，夫妻两个可以手拉手去看透明瓶子里的婴儿，婴儿在一个装置里不断长大，长到 10 个月把他拎出来就好了。这是技术加工出来的人，虽然原料是自然人的。可以问：未经母体孕育的人是"人"吗？书里还讲到一种给人带来即时快感的精神药物"素玛"（Soma），以后自然人类会变得越来越无聊，身体也会越来越迟钝，这时候我们就需要刺激，就需要这种"素玛"，所以美国已经开放了一些以前被叫作"毒品"的药物。这是没办法的事。人类需要刺激，不刺激我们怎么过这重复无聊的生活呀？我们大部分时候已经麻木了，没反应了，这个时候是需要刺激的。还有，书中也讲到能模拟情感生活的"感官器"（Feelies），等等。这些都是有预见力的，都相当重要，而且多半在慢慢地实现。

福山显然是一个保守主义者，关心的是在现代技术条件下人性的保存。他说："我们试图保存全部的复杂性、进化而来的禀赋，避免自我修改。我们不希望阻断人性的统一性或连续性，以及影响基于其上的人的权利。"[1]"因为人性的保留是一个具有深远意义的概念，为我们作为物种的经验提供了稳定的延续性。它与宗教一起，界定了我们最基本的价值观。"[2]说到这儿，我们已经看出来了福山身上的传统主义倾向。他说人性有一种稳定性，我们需要保护它，跟宗教一样。福山跟尼采不一样，虽然他受到尼采的影响，但他与尼采的激进思想完全不同。福山在技术观上采取了一种保守姿态，站在自然人类的立场和角度来思考问题。然而问题在于，

1. 弗朗西斯·福山：《我们的后人类未来：生物技术革命的后果》，黄立志译，广西师范大学出版社，1997年，第172—173页。
2. 同上书，第11页。

什么是"人性"？有没有不变的"人性"或者"人性要素"？我认为福山没有处理好这个问题。当福山追问和主张"人性的保留"时，他显然假定了一种不变的自然人性。福山甚至把他所谓的"人性"归于基因："人类本性是人类作为一个物种典型的行为与特征的总和，它起源于基因而不是环境因素。"[1]这个完全没道理，各位能同意他这个说法吗？人性是由基因来决定的，他这个假定是可疑的，而且有政治风险。这个我们需要讨论。我认为，"人性"是一个历史性概念，不存在固定不变的人性，甚至也不存在固定不变的人性要素。

在自然人类文明史上，人们对人性的理

1. 弗朗西斯·福山：《我们的后人类未来：生物技术革命的后果》，第 131 页。

解是多样的，关于人的定义是变化不定的。关于人性，历来说法不一。以柏拉图为代表的古希腊哲学形成了一种古典的人性观，把人性理解为理智、激情与欲望三者的统一。在《理想国》中，柏拉图主张理智要在灵魂中占据主导地位，这就与他"哲学王"的社会理想达成了统一。每一种人性要素分别代表着一种职业，"理智"对应于"哲学王"，"激情"对应着"士兵"，"欲望"对应着"商人"。听起来很有道理似的。柏拉图的理想国有十分理性又具体的制度设计，比如柏拉图建议，小孩生下来要由国家集体培养。你想一想，有的父母亲并没有能力承担起对小孩的教育，不一定能把小孩培养成一个合格的城邦公民，把小孩交给他们来培养，不是害人么？按照柏拉图的逻辑，大高个儿应该娶一个小矮个儿，不然就是资源浪费了。

像姚明这样的高个儿再娶一个女姚明，实在不像话了，按照柏拉图的想法，姚明应该娶一个 1.2 米左右的女子才对，生下的小孩刚好中等身材，有利于族群的改良。柏拉图就是这样来设计的，整个设计基于他对人性的规定。

近代哲学的人性观继承了柏拉图的基本规定，也保留了基督教的神性维度。这个时候，人们才把人性理解为理性与神性的二合一，把人规定为"半神半兽"的动物。我们在康德哲学中看到这种人性二元论。康德哲学关于现象界与本体界的区分，也即有必然规律的自然界与道德—信仰世界的区分，导致了他的哲学的二元论性质，而这同时也是人性的二元论。与此不无联系的是威廉姆·洪堡的古典主义的完美人性观。大家知道，洪堡是现代大学的开创者，今天大学最基本的规定实际上出于洪堡。总结一下，这规定无非两条：一个是学的自由，一个是教的自由。学是自由的，学生选择什么专业和方面，选什么课，应该享有充分的自由。但这一点实际上在我们的大学里还没有实现。在我所在的学院是比较自由的，我们本科生进来以后，两年之内任选本院任一专业。这是我担任院长的时候建立的制度。我当时跟学生说，如果你们把我推为校长，那你们两年之内就可以自由选择大学内所有专业了。课程应该由学生自己来组织，有些课很难听，有的老师不可爱，甚至相当可恶，你就不去听呗。但是在我们这里多半还不行。学的自由我们还没做到啊。那么教的自由我们做到了吗？我不知道，你们也是清楚的，不说也罢。我这里只想指出，现代大学的制度设计是基于洪堡的古典主义和自由主义的人性观，在他看来，完美人性（完人）是自由与规律（必然）、想象与思辨、个体与群体三对矛盾的统一，统一后才有"和谐"人性。洪堡说大学的目标就是培养"完人"，这当然是特别理想主义的，现在看起来也有点傻傻的。洪堡是一个古典迷，他说只有古希腊人真正克服了三对矛盾，达到了完美的"和谐"人性。

我们看到，无论是古典的人性论还是近代哲学的人性观，虽然关于人性内涵的规定有所不同，但"和谐人性"是一贯的理想，长期如此。一直要到19世纪后半叶，尼采于1872年出了一本书叫作《悲剧的诞生》，这本书告诉我们，传统的美学理想是错误的，人们一直强调美是和谐、理性、规则、黄金分割，但在尼采看来那是一种虚构，没有完美的、和谐的人性，人性的根基是痛苦、紧张、对抗。为什么不理解尼采，我们就难以理解现代主义美学和现代主义艺术？因为是尼采第一个告诉我们真相：生命的本质不是和谐，不是其乐融融，而是斗争、痛苦、张力。为什么要哲学？为什么要艺术？如果生命本身就是和谐，我们需要哲学吗？我们需要艺术吗？哲学和艺术实际上是要让人直面痛苦人生。尼采为什么重要？他第一个告诉我们，传统人性理解是错误的，没有完美的和谐的人性。尼采解构和颠倒了传统的人性观，揭示出人性本来就有的内在冲突和张力。我自己不建议同学们读太多的书，但像尼采这样的哲人的书，各位还得读一点。为何？不读尼采，你就不会有时代感。尼采和他曾经的同道瓦格纳开始了现代主义以及更后来的当代艺术。你不理解他，就不知道后来巨大的变化。如果你现在还坚持着一种和谐的、完美的人性和审美理想，你去看当代艺术，当然会一脸懵逼，甚至愤怒不已，你不知道这种艺术是要干什么，为什么搞成这个样子。

另一方面，人性的各个要素，无论是理智、情感还是道德心，在各个时代都发生了各种变异。比如说美感，在康德那里，美感的基础被描述为 common sense（共通感），美被规定为脱离内容、不计利害、不带任何欲望和要求的，美是纯形式的、普遍必然地令人愉快的、带有没有目的的合目的性的东西。这位康德真有理想，你如果用这种理想的观点来看今天的艺术，你就彻底崩溃了。这种先验论美学在后世越来越受到怀疑。实际上，美感是在生活世界里不断被重新塑造的一个要素，特别是在过去三四十年间，在影视图像文化的规制和形塑下，中国人的美感已经发生了根本的变化，比如说中国男性脑子里的美女形象，那肯定是西方化了的，接近于那种轮廓分明的西洋美女。听起来很奇怪，我们的美感被归置、被塑造了，已经被调整到那个位置上了。你说美感是恒定不变的吗？哪儿有康德式的形式美感？尼采后期说，美就是强壮，虚弱怎么可能美？想想也有道理。这是尼采对美的规定，因为我们自然人类越来越虚弱了。但换个语境就不对头了，那林黛玉怎么办？她一看就要倒掉的样子，但古代文人都喜欢呀，那是另外一种美感。今天的男人大概做梦的时候还会想到林妹妹，但清醒的时候恐怕多半不会想了。一句话，美感不是固定的，这是一个不断变化着的要素。

为了避免福山式的恒定人性论的偏见——我认为这是一种偏见，并没有恒定的人性——我们必须注意和确认在过去两个世纪中发生的文明大变局。上面已经讲了，我把这种大变局叫作自然生活世界向技术生活世界的转换。在这种断裂式的转换过程当中，"人性"发生了何种变化呢？在这儿，我想斗胆提出两个相应的概念：一个是"自然人性"，另一个是"技术人性"。对此当然会有一些争议。"自然人性"比较好理解，"自然人性"是自然生活世界中的人类的人性，虽然也在不断变化中，但总体上保持某种相对的恒定性。但什么叫"技术人性"呢？简单说就是被技术化的人类的人性。今天人类已经、正在继续被技术化。现象上的证据前面已经讲了不少，比如人类的自然繁殖能力不断地加速下降，等等。我们已经被技术改造了。包括我们的智力被计算技术控制，表明人类精神也被技术化了。不要以为人工智能时代还是个将来时，还没有到来，它早已经到达了。我们今天离得开手机吗？离得开电脑吗？我们在精神层面上已经被人工智能所掌握。"技术人性"是在技术工业条件下不断变异和生成的人性状态。如果说"自然人性"主要通过传统哲学和宗教得到了表达和规定，那么，已经生成而且正在生成的"技术人性"到底怎样，到底有哪些基本要素和未来生成方向，恐怕还是一个未知数。

三、未来的生命哲学

这就引出了我们的第三个问题，即未来的生命哲学。所以我把本报告的标题设为"人类世，我们需要一种新的生命哲学"。面对技术统治下自然人类文明（传统文化及价值体系）的崩溃以及技术的脱缰狂奔之势，今天哲学需要有新的生命思考。1945 年以后，技术已经进入了失去限制的加速状态。在 20

世纪，由于技术上的突破，有节奏地出现了三个"大东西"，大家一定要注意，大致可以说，前三十年出现了飞机，中间三十年出现了电视，后面三十年出现了电脑互联网。这几种技术（飞机、电视、电脑）彻底改变了人类的日常经验。我是国内最早一批用电脑写作的人。大概是在1993年，记得当时我跟我的同事陆兴华教授一起，花了4000块钱，每个人买了一台286电脑。很重的一个家伙，我都背不动。电脑公司老总问你电脑干嘛用？我说我写作用。他说那你25年不用换了。我当时想蛮合适的，也蛮值得的，买一台电脑4000元，在当时也算一笔钱，但可以用25年了。这是1993年。25年过去了，到如今我大概已经换了十几台电脑了。这就是技术的加速进程。电脑公司老总没骗我，他认为用286电脑写字太简单了，25年都没问题。今天恐怕连286电脑都找不到了。我当时用五笔输入法，现在还是。这个五笔输入法太重要了，各位恐怕没有意识到，电脑汉化是多么伟大的创造，可以得诺贝尔奖的。1989年，电脑汉字输入系统成功了，以前我们只会用打字机打字，电脑汉化以后，我们可以在电脑上打字了。五四一代中国知识分子好多主张要放弃汉字，说汉字是中华文明进步的最大障碍。现在我们使用的汉语拼音，只不过是鲁迅那个时代产生的几百种拉丁化方案中的一种，大家一定要把汉字干掉。现在呢？电脑汉化以后，汉字成为全球输入最快的文字了。你用英语输入"中华人民共和国"，是不是要打几十下？我们用五笔输入法只要打四下就解决了。这个时候，我们中国知识分子才对母语恢复了信心，而且越来越信心高涨。电脑汉化和五笔输入法把一个民族的文化都改变了。我想电脑公司老总当时也不是骗我。后来我的工作效率大大提高了，本来是手写，用手写作是多么痛苦，1992年我的博士学位论文是手写的，25万字，改了又抄，最后定稿，大概要手写100万字，手都僵掉了，真正是生不如死啊！现在我们用电脑多好。许多人文学者诅咒技术，其实我觉得也不对，技术是有两面性的。没有技术，我们只能活三十几岁，有了技术，我们活得越来越长了，而人总是要求永生的，我们在技术的帮助下慢慢走向永生。然而技术有风险，许多问题和危险也出来了，所以我们要提高警惕，直面问题。

技术越来越快地发展，这个时候我们需要一种新的生命哲学，用来规划新人类生命和技术人类生活世界。人类未来生命形态主要受控于人工智能和生物技术，自然人类被双重技术化了。大家也不要把这事儿想得太玄了。其实所谓人工智能，就是对我们人类智力的技术化，把人类智力技术化和数据化。这种技术化就是非自然化。尼采早就看到了这一点，他当年提出了两个概念，一个叫"末人"，一个叫"超人"。末人就是最后的人。他说最后的人将不断地被计算和被规划，也就是失去自然性；而超人的意义在于"忠实于大地"。我现在越来越喜欢尼采了，这个人不太可爱，但他的思想真的是厉害。他那个时候哪里能看到今天的状况，但他能说出这样的话，说最后的人是不断地被计算和被规划的人，这种人不就是今天的我们么？我们就是不断地被计算和被规划的人，而我们在这种计算和规划中失去了我们的自然性。尼采的超人是什么？你以为是往天上飞的Superman？是孙悟空和奥特曼？不，超人不是那种神人。尼采在《查拉图斯特拉如是说》里说：我要把超人教给你们，上帝死了，现在我得把超人教给你们了。什么是超人？超人的意义在于忠实于大地。我以前翻译这句话的时候不懂，超人为何要忠实于大地？现在我明白了，尼采的意思是要回到自然，重获自然性。

人类世的新生命哲学主要要做两件事，一是规划未来生命，二是重建技术生活世界经验。关于未来生命规划，我们首先要搞清楚，未来最核心的问题是人类的自然性与技术性之间的可能平衡，这是我们能设想和预计的最佳状态。这是一个核心问题，人文科学如果还有意义的话，就是为此目标而努力。第二件事是生活世界经验的重建，这事儿高度复杂，但又十分迫切。人类从短命到长生，仅这一项就引发了代际、婚姻、家庭等之变。

我们的人类寿命实现某种意义上的长生，这恐怕是必然的了，虽然还不是永生。现在最夸张的说法是，我认识的一位生命科学家，他说我们可以活到720岁了，在技术上已经完全没有问题。比较中性的说法是500岁，是美国谷歌公司几个人物的主张。无论如何，哪怕我们假定未来人类可以活到150岁，那也会产生很多问题。首先是代际关系，这种关系基于自然人类的自然更替，几十年一代，四世同堂都难。但如果人能活到150岁了，这个代际关系就变得好复杂。还有婚姻制度也必然面临困难，一夫一妻是现代文明社会的基本规则，夫妻相守几十年，完成了代际传承，也实现了个体的性欲望和群居本能。然而随着人生拉长，婚姻制度就需要重新考量，甚至它的意义也需要重审了。随着男性生育能力的下降，基因工程的发展，人类的生育方式必将改变，生育的技术含量将会越来越高。婚姻的传宗接代功能渐渐下降，婚姻的意义就将在很大程度上隐失了。所以我们要加以反思，也要给出预判，以后的婚姻和家庭制度将何去何从？对自然人类来说，无论中外，家庭单位都是特别重要的，而对未来技术人类来说，家庭恐怕终将被扬弃。家庭是最基本的社会单位，而且是每个人经常要回去的地方。哪怕我经常出差和出游，我也会想家，而且可能更习惯于想家。什么叫家和家园？那是你的归属。但这种归属感慢慢会被抽离和消耗掉。技术人类还需要家吗？要何种家？

还有快乐方式问题。未来人类需要寻求和发明新的快乐方式，这理当成为新生命哲学的任务。人类的快乐方式是要变化的。在未来技术生活世界，自然人类的快乐方式的意义会慢慢下降，甚至消失，比如自然人类的传统娱乐、消遣和游戏方式。眼下当然还留下了一些，比如喝酒。我有一次在贵阳喝酒，高兴了说了一句鬼话，说我们跟机器人最大的差别是机器人不会喝酒，这是我们自然人类的最后留存。大家听了很开心。性的问题也成为大问题了，自然人类的性爱本来是十分重要的快乐方式，根本上有异于一般动物的交配。但这事儿恐怕也难了。最近美国出现一个新的概念叫"性萧条"，说的是男生对女生没兴趣，女生对男生也没兴趣了。这个现象似乎在我们这儿也已经可以观察到了。这就表明，自然人类一些传统的快乐方式正在衰落，并且有可能终止。那我们终不能就这样大眼瞪小眼地活着呀！我们未来需要有新的快乐方式，需要新的刺激。未来新的快乐方式是什么？这事儿当然还不好说，有好多不确定因素。眼下我大概会说，艺术和哲学将变得越来越重要。艺术是通过创造，创造什么呢？在某种意义上讲就是创造快乐方式。哲学呢？哲学的任务向来被认为是反思、批判和论证，但今后的哲学需要改一改这种习惯了。哲学根本上也需要创造，是需要奇思妙想的。人类通过奇思妙想才跟人工智能区分开来，因为人工智能做不到奇异的创造。什么叫奇思妙想呢？我在这儿讲课，好像是在看着你们，我脑子里却在想别的人和事，这就是人类伟大的思维和心灵。人类就是这么怪异的，这个机器人恐怕还做不到。人类的思维可以大尺度地无限跨越式跳跃。

与此相关的是，我们马上特别需要一门新的学问，叫"无聊学"。无聊将成为一个十分重要而迫切的课题。它关注的实际上就是我前面讲的问题，即人类如何发现和寻找新的快乐方式。这事儿又要回溯到尼采。今天我们看尼采真的是太神了，他在晚期就说，我们人类最大的问题是什么呢？是这样一个问题：我们为什么愿意重复？你想啊，你天天都在重复自己的行动，那你做一次跟做十次跟做十万次有区别吗？你为什么愿意重复？我认为尼采已经预测到了人类将进入漫长的无聊时期，所以才提出了这样一个重复的意义问题。重复的意义何在？这是尼采后期哲学最根本的问题。如何度过这无聊人生，这是未来人类的根本问题之一，正如我刚才讲过的，艺术与哲学就将成为未来最核心的学问。所以各位来哲学学院读书是对的，哲学的特性之一是怀疑精神，但各位不能怀疑哲学本身的价值和意义。如果你现在怀疑哲学，到五十岁的时候肯定会回来的，因为那时候你实在太无聊了。

接着的一个问题是：如何重建生活世界经验？这是我这几年里思考的一个重点。未来哲学的任务就在于，重建我们今天已经变化了的、被技术工业所改造的这个新生活世界的经验。今天为什么精神病患者越来越多了，据说每年以1%的比例往上走？就是因为很多人没有及时调整过来，依然用旧的尺度来衡量今天已经深度变化了的世界。现在人群中精神病患者的比例已经达到了17.5%，按这个比例，我们这一屋子人中好像就有10个精神上不大正常的人，不过这里面只有一半人需要治疗，其他的是可以自我调整的。怎么调整？我以为还需要哲学，这是没有办法的。问题变得很严重了，大部分人依然坚持用自然人类的经验尺度来衡量今天这个变化了的技术生活世界。这就麻烦了，就出问题了。这方面的问题我还没有想清楚，还在思考中，今天只是提出若干想法，跟大家讨论一下，也请各位批判。

第一，信仰和信念。这是两个东西，虽然听起来没啥差别，其实不然。今天我们别指望信仰，信仰太绝对、太高冷了。我们更需要信念。信念与信仰是不一样的。信念是什么呢？比如说我们今天报告结束后离开了这里，明天我还要到这里开会，我们相信明天这里不会有什么变化。这就是相信、信念。这不是稳定的，是可疑的，但我们必须有这样的信念。问题在于，我们许多人失去了这样的信念，比如说许多人经常会有强迫症，分明是把门带上了，走了50米又回来推一下，需要确认一下到底有没有关上。我觉得这时候人们与精神病患者差不多了，已经不远了。因为这样的强迫症，人们失去了对周边事物的信赖。在后信仰时代里，我们要建立对事物的相对稳定性、世界的可靠性和他人的善意的基本依赖。我们得相信，事物是可信赖的，世界是安全可靠的，他人是可以接近的。我们要有这样一些基本的信念，没有它们不行。这一点很重要，这样的信念要建立起来，不然你就会发慌，发慌以后你就不知道如何行动，不知道手往哪里放，最后就只好得精神病了。这是第一点，很重要，我认为是后宗教主义时代的基本要求。

第二，新时空经验的建立。这一点我上午已经在西安电子科技大学讲了，但没讲清楚，今天下午各位也别指望我把它讲清楚，因为我也还没有完全想清楚。我们以前的时间观念是线性时间观，那是自然人类的时间经验，是乡下农民的时间理解。农夫一大早背一把锄头下地去了，太阳下山时他背一把锄头回来了，一天就这样过去了。时间是永不停歇的，不断地向前，不断地流逝，像一条永不回头的直线。时间的每一个点都被假定为同质的，时间是不可逆的，我们每个人一天天活下来，就等着死亡的到来。这是自然人类的时间观念。然而，技术工业已经改变了这种时间观念。我举个简单的例子：园子里有花，你今天去看它没有盛开，明天去看它还是没有盛开，你外出一个月回来后，它突然开在那儿了。我们自然人要贯穿一个自然过程是很难的，但技术工业生产的摄像技术可以在十秒钟之内把一朵花的盛开和凋谢呈现给我们。所以时间已经被大大地压缩了。时间是均匀的吗？当然不是。相对论也证明了这一点。在此意义上，我提出了一个"圆性时间"概念，今天不宜展开来讲。我想告诉大家的只是，时间不是一条直线。如果不是直线，那么时间是什么呢？今天上午我在西安电子科大演讲时说：时间是圆的，可谓"圆性时间"。但在这个问题上，我还没有想得特别清楚，就此打住。还有空间，空间是空的吗？虚空空间是近代物理学的概念，空间是空虚的东西，长宽高抽象的三维。我认为空间的三维化是欧洲人以时间为中心的空间理解，他们把空间问题时间化了。与之相对，传统中国人可不是这样设想空间的。空间不空。我们今天的场景就是一个空间，这里面充满着紧张的对话、对峙、敌意、善意、挤压、排斥、吸引，等等。这个空间怎么可能是空的呢？你们每个人对我来说都构成了一种挤压或者吸引，这是另外一种空间，这才是源初的空间。如果说只有三维空间，那我们就无法理解在我们的场景里发生的一切。只有把空间理解为具体的实性的空间，我们才能把我们的生活世界理解成一个温暖的、具体的、可接近的、可以触摸的圆性世界。

第三，感觉的重塑。我们现代人的感觉能力每况愈下，越来越差了。按照德国哲学家鲁道夫·施泰纳的说法，我们本来应该有十二种感觉，比如说语言感、运动感、平衡感，等等，后来在文明进程中，特别是在技术工业的支配下，我们只剩下五种感觉了，而在这五种感觉里，我们也只强调两种，一是视觉，二是听觉。对不对？一方面，感觉的丰富性越来越被削弱，另一方面，感觉被分离开来，比如我们认为听觉与视觉是不搭界的，互不相关的。这分明是一种误解呀，它们是同时发生作用的。我此刻在看你们，同时也在听你们，如果突然有人哈哈大笑，就把这现场气氛破坏掉了，我对你们的看也随之变了。听觉和视觉是相互影响的，而两者的相互影响就表明时间与空间是相互贯通的，是一体的。这是最有力的证明，因为空间是视觉的问题，而时间是听觉的问题。这一点康德已经说清楚了。今天我们进入了一个弱感觉世界。20世纪的哲学特别是现象学哲学提出了一个问题，即如何恢复我们的感受能力。而这个恢复感受能力的诉求又是跟我前面提到的一个问题相关的，就是如何发现和寻找人类新的快乐方式。

第四，虚拟与虚无。这是我们现在已经面临的问题，已经成了无法改变的现实，我都不知道怎么来说这件事情。人类生命根本上是虚无的，最后我们都要死掉的，哪怕活得越来越长久，也还是要完蛋的。但人生虚无不是我们消极生活的理由，而恰恰是我们积极生活的动力；人终有一死，我们必须更珍惜生活和生命。不能因为人要死掉就干脆不活了。这就是尼采的"积极的虚无主义"。尼采为什么讨厌叔本华？因为叔本华认为人生就是一场痛苦游戏，生命就是在欲望造成的痛苦与欲望满足后产生的无聊之间摆来摆去的钟摆；如要消除痛苦，只有一个办法，就是降低欲望、消灭意志。怎么降低和消灭呢？叔本华给出的终极建议是：少吃东西，慢慢把自己饿死。这个傻子建议可把尼采气死了。尼采说，这不是我们要干的，我们分明知道，人生本质上是痛苦的和虚无的，但我们要无畏地承担它，这种担当本身最后要通过艺术和哲学把根本的虚无和痛苦转化为快乐。所以尼采说，至高的痛苦就是至高的快乐。这话当然有点玄虚了，需要我们有一种伟大的英雄精神，一种强大的心力。尼采说，我这个姿态是积极的虚无主义，叔本华属于消极的虚无主义，不可取，我们可不能把自己饿死。

还有虚拟问题，同样让人纠结。今天我们已经进入虚拟时代，最近人们在热议区块链技术和虚拟货币。人类在金钱／货币这件事上越来越走向虚拟化了。大致可以说，黄金是对实物交易的虚拟化，本来我用两斗米跟你换一座山，现在我给你一块黄金，把你的山拿来了。进一步，纸币是对黄金的虚拟化。再进一步，互联网金融是对纸币的虚拟化。现在的区块链技术是对电子货币的虚拟化，对网上银行的虚拟化。这就是人类生活走向虚拟的一个个步骤。所以我有一个想法是，钱对个体来说将变得越来越不重要。我特别不看好黄金，除非全球主要国家商量好回到金本位了。什么叫金本位？一个国家印多少钱，以前我们是以我们有多少黄金做基础的，有多少黄金印多少钱。但 20 世纪 70

年代，美国人率先把美元与黄金脱钩了，这时候它爱印多少钱就印多少。别的国家也模仿，有的无底限的国家就乱印一通，爱印多少印多少，没钱了就印一点，还把汇率控制起来。这样，这个世界就乱了。这里就有问题了：大家本来有一个公正的对等交易体系，然后这国那国胡乱印钱，印了以后也不告诉他国，那么没印钱的或者少印钱的就吃大亏了。这就是今天的世界基本格局。区块链技术有何用？我认为是要完成马克思所讲的对主权国家货币的消除。马克思为什么是大哲学家？因为他把这些问题都想透了，而且提前了一百多年。马克思深知，只要主权国家在，只要主权货币在，这个世界就不得安宁。我想这应该是马克思主张国家必将消亡的基本理由。

在未来技术生活世界中，对个体来说就

有一个如何适应虚拟生活的问题。我愿意提出一点想法供大家参考。我认为我们要主动适应，慢慢习惯于这种虚拟性，包括生活的虚拟化，虽然这种习惯会很艰难。比方说，如今我们的交易都在网上完成，这种交易方式已经挑动了人们毫无节制的购买欲，人们不把钱当回事情了，反正也看不到钱。在家的时候，我在二楼工作，每天会有十个左右的快递送来，我楼上楼下跑上十趟，一个上午一个下午就没了。这真折腾。在这样的状况下，安静节制的生活恐怕已经是一个不可能的理想了。还有性爱，现在已经有网上做爱了，你能适应么？还是一味诅咒之？包括网络游戏，越来越成为青少年的主要游戏方式，令家长们十分头疼，但许多成年人也沉溺其中了。什么都可以虚拟化了，我们总归得慢慢习惯，方能进入未来虚拟世界。事情就是这样，我们先是抵制，后来慢慢习惯之。在这种习惯过程中将发生什么？是我所谓的"技术人性"的生成吗？

无论如何，这个世界已经高度抽象，生活方式的虚拟化已是一种必然，这时候，厌弃和逃避不是良策，保持开放才是积极生活之道。

后记

本书原为拙著《人类世的哲学》(商务印书馆，2020 年第一版) 之第三编"新世界经验"，现单独形成一本小书，仍延续了旧题作为书名。

本书的修订工作比较简单，只是通读了一遍正文，改正了若干处不当和不好的表述，未有重大增删。在"附录"部分，本书收录了《人类世，我们需要一种新的生命哲学》一文，该文原为一个演讲稿，载《未来哲学》第二辑，商务印书馆，2023 年。因为有不少与正文重复的内容，故在收入本书时做了一些调整。特此说明。

2024 年 5 月 15 日记于余杭良渚

图书在版编目(CIP)数据

新世界经验 / 孙周兴著. -- 上海 : 上海人民出版
社，2025. -- (未来哲学系列). -- ISBN 978-7-208
-19485-4

Ⅰ. G303-05

中国国家版本馆 CIP 数据核字第 2025DR8710 号

责任编辑　陈佳妮　陶听蝉
封扉设计　人马艺术设计·储平

本项目受浙江大学教育基金会钟子逸基金资助

未来哲学系列
新世界经验
孙周兴　著

出　　版　上海人民出版社
　　　　　（201101　上海市闵行区号景路 159 弄 C 座）
发　　行　上海人民出版社发行中心
印　　刷　浙江新华数码印务有限公司
开　　本　787×1092　1/32
印　　张　9
插　　页　5
字　　数　92,000
版　　次　2025 年 5 月第 1 版
印　　次　2025 年 5 月第 1 次印刷
ISBN 978-7-208-19485-4/B·1835
定　　价　56.00 元